日本語教師のための CLIL（クリル）入門
内容言語統合型学習

奥野由紀子 [編著]

小林明子／佐藤礼子／元田 静／渡部倫子 [著]

はじめに

「PAX MUNDI PER LINGUAS」これはラテン語で「言語を通して世界の平和を」という意味です。私の大学時代の校舎にあった標語です。まだ日本語教師という仕事に就けるかどうかもまったく見えていない状況でしたが、おぼろげながらこのようなことが実現できる教師になれたらいいなあと思い、見上げたことを記憶しています。その後、大学院へと進み、「言語教育は人間教育そのもの」「教育は愛」という考えの縫部義憲教授のもとで研究を行っていました。ただ、その頃は目の前の研究に必死で、先生の教えは……そう、心地よいバックミュージックのようでした。

修了して6年の月日が流れた頃、先生の最終講義がありました。先生は、そこで外国語教育に世界の諸問題を知るための教育 ──「地球教育 (Global Education)」── を取り入れることを提唱されました。地球教育とは、平和、貧困、環境、教育、自立のための支援、協働と対話といった地球市民として考えるべき内容を含むものです。そして、今後日本語教育は、これらの内容とことばの教育が重なっている領域を探求していく必要があると述べられました。

その頃の私は、日本語教育の現場で多くの国の学生に出会いながら、世界で起きる出来事が気になっていました。また、どうしてそのようなことが起きるのか、どうしたらよりよい社会や世界が実現できるのか考えたいと思っていました。しかし、日々の多忙な生活の中で、それはそれほどたやすいことではありません。そんな折に、先生の最終講義を聞き、そうだ、日本語授業の中で取り上げて学生たちといっしょに考えることならできるかもしれないと、実践してみることにしました。ずっと背景で流れていた音楽がメインテーマとして私の中で響き始めた瞬間でもあり、内容を重視した実践を始める勇気が湧き出た瞬間でもありました。つまり、本書で取り上げている実践は、もともと CLIL

i

に基づいて立ち上げたものではなく、内容から出発したものでした。

　その後、ヨーロッパの複言語・複文化主義から生まれた CLIL の理論に出会い、行っている実践は、地球市民の育成や、深い思考の発達を促す CLIL と重なるところが非常に多いことを感じとりました。そして、CLIL の明快な枠組みの中で、今度は仲間たちと共に実践を問い直すことにより、授業の各活動の目的が明確となり、授業は見違えるように変わっていきました。さらに、各自がこれまでそれぞれの分野で行ってきた異なる研究の視点から検証を進めていく中で、内容も言語も同時に高められること、学習者も教師も豊かな成長を得られることを確信するに至り、こうしてより多くの日本語教育に携わる皆さまと共有したいと本書を執筆することになりました。

　本書では、CLIL の基本理念と CLIL のコースや授業の組み立て方やポイント、具体的な実践方法や評価方法について、第二言語としての日本語の習得研究、第二言語習得に関わる学習者要因や認知プロセス、教育心理学、言語評価を専門としている立場から示しています。実際の授業の様子の写真やイラスト、学習者の産出物、学習者の声もできるだけ取り入れ、具体的な方法や教室の様子がわかりやすいように工夫しました。また、私たち自身が CLIL を知り、実践する中で生じた疑問や悩みについてもコラムなどで取り上げました。

　この本が皆さまの日々の授業や取り組みを見直す一助になるのであれば望外の喜びです。

　さまざまなバックグラウンドをもつ読者の皆さまや、学習者、これから日本語教師をめざすみなさまとの出会いと対話により、何のために日本語を教えているのか、日本語教師として、地球市民として何ができるのかを考えながら、これからも CLIL と共に旅を続けていきたいと思っています。

奥野　由紀子

もくじ

はじめに ....*i*

第 **1** 章　CLIL って？.............*1*

CLIL って？.............*2*

CLIL の背景.............*4*

CLIL の特徴.............*8*

CLIL の4C.............*9*

Content (内容).............*9*

Communication (言語知識・言語使用).............*10*

Cognition (思考).............*12*

Community/Culture (協学・異文化理解).............*15*

第二言語習得の視点から見た CLIL.............*17*

> **コラム** CBI とどう違うの？　TBLT との共通点は？.............*20*

日本語教育で CLIL.............*21*

CLIL の取り入れかた.............*24*

CLIL を想定した実践例.............*25*

1. ウォームアップ：内容について、意識を喚起.............*26*

2. 状況把握：学習者が持っている内容についての知識と言語力を知る.............*26*

3. 知識のインプット.............*27*

4. 調べて互いの知識を共有する.............*28*

5. 調べたことをまとめて発表.............*29*

6. ディスカッションを行う.............*31*

7. 「当事者」として考える.............*31*

8. 振り返る.............*32*

> **コラム** イチ日本語教師が、専門でもない内容を扱っていいの？.............*33*

CLIL における教師の役割.............*35*

「言語」と「内容」を使った活動の仕掛人.............*35*

「内容」への動機づけを高め、興味を抱かせる.............*35*

iii

活動に必要な語彙や表現にフォーカスを当てる機会をつくる 36

「協学」の機会を設ける 36

個別フィードバックの機会を設ける 37

真正性の高い素材を用いたインプットを与える 37

自分で調べる機会を与える 38

学習者と共に成長する 38

学習者の声をきく機会を設ける 38

インタラクティブになるような教室風土をつくる 39

総合的に評価する 39

第2章 4C を意識したら、授業が変わる? 41

CLIL のコースを計画しよう 42

1. Content (内容) 46

2. Communication (言語知識・言語使用) 47

3. Cognition (思考) 48

4. Community/Culture (協学・異文化理解) 48

CLIL の教材を作ってみよう 50

コラム column CLIL 前と CLIL 後 61

第3章 CLIL の授業をしてみよう 63

どんな授業ができるか考えてみよう 64

4C に沿って学習目標を考えよう 65

授業プランをたてよう 67

ウォームアップ 67

背景知識の活性化 68

内容の学習 68

まとめ・振り返り 69

内容面のポイント 70

言語面のポイント 72

思考面のポイント 73

協学面のポイント 75

コラム 学習スキル 76

CLIL 授業での活動例 77

【活動例①】相互ディクテーション 78
【活動例②】ジグソーリーディング 81
【活動例③】自分の単語帳を作る 84
【活動例④】ゲストスピーカーを招く 86
【活動例⑤】作文を利用したポスター作成 88
【活動例⑥】質問する 93
【活動例⑦】ディスカッションをする 96
【活動例⑧】発表レジュメ作成体験 99
【活動例⑨】評価項目を作って相互評価をする 102

教材・活動のチェックリスト 105

コラム 学習者の学ぶ力を育てよう 106

第 **4** 章　CLILで授業をやってみた！ 107

世界の貧困問題を知る　初中級〜中級前半の学習者を対象とした CLIL の授業 108

はじめに 〜どんなクラス？〜 108

授業のデータ 109

授業の流れ 110

第1期　導入　〜『世界がもし 100 人の村だったら』〜 111

第2期　基礎知識　〜『NHK 地球データマップ』〜 112

第3期　メインテーマ　〜『世界で一番いのちの短い国』〜 115

第4期　応用　〜『考えよう！　やってみよう！　フェアトレード 3』〜 117

第5期　評価 118

この授業を終えて 119

コラム 教師はファシリテーター！ 120

v

第 5 章　CLIL 授業を評価して振り返ろう *121*

CLIL の評価って？ *122*

CLIL のための評価法 *124*

CLIL 開始前・開始直後 *125*

CLIL 実施中 *129*

CLIL 実施後 *132*

学習者の振り返り *136*

よりよい CLIL の評価のために *139*

資料 *144*

コラム **成績はどうやってつけるの？** *147*

おわりに *149*

文献リスト *150*

CLIL のためのブックガイド *155*

著者略歴 *158*

vi

第1章

CLILって？

はじめまして。「くりるん」です。みなさんと一緒にCLILのことを学んでいきたいと思っています。どうぞよろしく！

みなさんはこれまで、何のために言語を学んできましたか。また、言語を学ぶ意味とは何なのでしょうか。これまでに受けたことがある授業、実施している授業、これから始めようとしている授業はどのようなスタイルでしょうか。

これまで、言語学習に特化し、内容は二の次としている教授スタイルの授業が多かったのではないでしょうか。もしくは、内容中心で言語面についてはあまり考慮されていないような授業も多かったかもしれません。

CLILとは、Content and Language Integrated Learning を略したもので、頭文字をとって「CLIL（クリル）」と呼びます。日本語で、「内容言語統合型学習」と訳されます。CLIL は、特定の内容（教科やテーマ、トピック）を、目標言語を通して学ぶことにより、内容と言語の両方を身につけていこうという教育法です[1]。「言語を学ぶ」のではなく「言語で学ぶ」という姿勢を大切にした教育法であり、豊かな内容を扱い、目標言語に触れる機会を与えながら、協学を通して深い思考力を身につけることをめざします。日本語教育の文脈で考えてみると、「日本語**を**」学ぶことと、「日本語**で**」学ぶことを同様に大切に考える教育法ということになります。

---

1 Coyle et al. (2010, p.1)

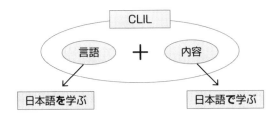

図1　CLILのイメージ

　CLILでは、学習者が学ぶべき内容について、動機を高め、情報収集、分析、発表、討論などの言語活動を行うことにより、自然な言語運用を通してより高度な認知力、思考力へと働きかけます。そして、学習者どうし、共に学ぶなかで、異文化理解や異文化交流を深めながら、他者や自己への意識を高め、教室を越えて、社会、世界へとより大きなコミュニティを意識していきます。

　同時に、内容と言語を効果的に統合しながら、このような学習状況をいかにつくり出すかが教師の腕の見せ所となる教育法でもあります。

　このように述べると、少し敷居が高く聞こえるかもしれませんが、CLILは、非常に柔軟で多様なやりかたが可能であり、使い勝手のよいフレームワークを用いているため、どの教育現場においても応用、実践しやすいのが特徴です。

　本書では、日本語教育で実践しやすいCLILの具体的な方法ややりかた、授業を活性化するための「ちょっとした工夫」をご紹介していきたいと思います。「学習者と共に学ぶ」ことで教師自身の成長も実感できるCLILの魅力を味わってみませんか。

「言語」と「内容」どちらも大事なんだね。やってみたいけど、今のクラスでできるかな？

CLILの背景

　今ヨーロッパを中心に、世界中でCLILを用いたさまざまな外国語の授業がなされています。CLILは、1990年代半ばに、ヨーロッパ(EU)がこれまでの歴史を踏まえて提唱した複言語主義、言語と文化の多様性の保全、平和構築の必要性から言語政策の推進手段の1つとして生まれました。そして、2001年につくられた「その言語を使って何ができるか」によって言語レベルの指標を示すCEFR (Common European Framework of Reference for Languages；ヨーロッパ言語共通参照枠)の普及とともに急速に広がりました。EUでは、ホロコーストに象徴されるような負の歴史がくり返されないよう、また、人のスムーズな移動や、平和と安定が図られるよう、個人が複数の言語を学び、複数の文化を身につけるための「複言語・複文化主義」が市民教育として実施されています。「複言語・複文化主義」は、異なる言語・文化を持つ相手を理解するために、相手の言語・文化を理解できる能力の他に、相手を理解したいというコミュニケーションの基本的な欲求を意識し、伝えることの重要性、それを実践していくなかでの異言語・異文化交流を促進すること、また互いの違いを認め合い、個人の視点に立って言語と文化を考えることの大切さを唱えています[2]。

　それらがCLILの根底に流れる教育観となり、言語を通して平和な社会の実現に必要な汎用的能力[3]（知識活用力、批判的思考力、問題解決力、革新創造力、意思疎通力、協調協働力、社会貢献力、国際感覚力）を育成するという方向性

---

[2] 山川 (2015, pp.60-63)、詳しくは欧州評議会言語政策局 (2016) を参照のこと。
[3] 池田他 (2016, p.15)

となっているのです。

なるほど。じゃあ、日本語教育でのCLILの意味は何だろう？

しかし、「内容を扱うための道具として第二言語を使い、習得を促す」という内容言語統合型学習は、けっして新しいものではありません。古くは中世ヨーロッパの教会や大学において聖書や哲学、法学、医学等を学ぶためのラテン語学習が行われてきました。また、70年代のカナダでのイマージョンプログラム、80年代のアメリカでの外国語教授法「内容中心指導法」CBI (Content-Based Instruction) として体系化され、大きな成果をあげてきました。

日本語教育においても、年少者のための日本語教育、専門日本語教育や、アカデミック・ジャパニーズ、日本事情、ビジネス日本語や技術研修、看護、介護の日本語教育など、内容を重視した教育が実施されてきています。また、CBIとクリティカルアプローチを融合させ、社会的・慣習的な前提を問い直し、その維持や変革に能動的に関与する意識・視点・姿勢・態度の育成をめざす「内容重視の批判的言語教育」CCBI (Critical Content-Based Instruction) の研究や教育も近年盛んになされています[4]。このように、日本語教育においても内容と言語を統合して教えることは今日むしろ当然のことと考えられるようになってきていると言ってよいでしょう。

では、日本語教育でCLILを行う意味は何なのでしょうか。それには2つの意味があると思っています。1つはCLILの教育観、もう1つはその実用性です。先にも述べたようにCLILでは、言語を通して平和な社会の実現に必要な汎用的能力を育成することをめざしています。ヨーロッパの文脈から生まれたアプローチですが、これは今やヨーロッパだけではなく世界全体で共有していくべ

---

[4] 詳しくは佐藤他 (2015) を参照のこと。

き方向性だと考えられます。昨今の世界的な課題はもちろん、日本を含む東アジアでの歴史認識の違い、日本国内でのヘイトスピーチ問題、沖縄における基地問題、難民受け入れ問題、エネルギー問題、若年層の貧困、働きかたの問題など、日本語を通して考えていくべき問題、事象はたくさんありそうです。日本語教育現場においてはさまざまな言語、宗教、背景をもつ学習者がいます。そのような学習者どうし、無視することのできない世界や日本、母国の課題や社会的テーマについて、知り、考え、議論し、日本語で発信することには大きな意味があります。また、自国のことや自国での諸問題についてよく知っていることを内容として取り上げることもあるかもしれません。母文化コミュニティの一員として日本語で伝える、議論するということは、特に日本語使用の機会が少ない海外においては日本語を使う意味を付与し、日本語使用の真正性を高めることにもつながるのではないでしょうか。学習者がもつ文化と異なる日本のサブカルチャーや伝統文化、歴史を日本語で知りたいというニーズの高さも日本語で CLIL を行う意味として挙げられるでしょう。

しかしながら、いざ実際に自分の授業でやってみようと考えた場合、どのように授業を組み立てたらよいのか、内容と言語のバランスをどうとればよいのかなど、悩むことも多いと思います。その際に CLIL の実用性が発揮されます。CLIL は内容と言語の両方を有機的に関連づけ、思考力や汎用的能力を高めるために必要な実用的なフレームワークを提示しています。次項でご紹介するこの便利なフレームワークを知ることにより、内容重視の言語教育がより身近なものになり、取り入れやすくなることでしょう。

CLIL は言語政策の1つとして生まれたものであり、CLIL 自体に特別な学習理論や学習メソッドがあるわけではなく、これまでに効果的とされている学習方法や教授方法を取り入れたアプローチでもあります。ですので、CLIL はよ

くスマートフォン (スマホ) のようだといわれます[5]。スマホは、内蔵している個々の機能自体は新しくありませんが、電話とカメラとインターネットをいっしょにした点が画期的でした。スマホには分厚い取り扱い説明書 (文法説明書に相当 ?!) がなく、使いながら覚えるという点も CLIL 的です。

　CLIL は、アメリカで生まれた内容重視の教育法である CBI、クリティカルな思考を高めるクリティカルアプローチ、協学による学びを促すアクティブ・ラーニングやピア・ラーニング、タスクで学ぶ TBLT (Task-Based Language Teaching)、提示導入－練習－産出という流れで教授を行う PPP (Presentation - Practice - Production)、専門内容に焦点を当てる専門言語教育、授業外で資料等に目を通し授業内で協学の時間を多く確保する反転授業、異なる他者と向き合う異文化間教育、アカデミックな言語能力を高めるアカデミック学習スキル教育、教科を外国語で学ぶ年少者教育、地球市民としてどう生きるかを学ぶシティズンシップ教育など、さまざまな教授法や教育法を取り入れ、有機的に結合させることにより、質の高い「学習」を生みだす柔軟性の高い統合的アプローチなのです。担当する学習者やコース、活動の内容によってアプリを使い分けることもでき、まさにスマホのように、使い勝手のいい教授法といえそうですね。

---

[5] 池田 (2013, p.13)、原田 (2018) など

CLILの特徴

では、CLILの特徴とは何なのでしょうか。CLILの特徴は、**C**ontent（内容）、**C**ommunication（言語知識・言語使用）、**C**ognition（思考）、**C**ommunity/**C**ulture（協学・異文化理解）という4つの概念に沿って、計画的に内容・方法・教材を選択、設計し、実施する点にあります[6]。つまり、内容の学習、目標言語の運用能力や言語スキル、思考力の向上を、他者との学び（協学）を通して進めていくということです。

また、この4つの概念を先に示したような従来のさまざまな教育理論や方法と統合し、有機的に結びつけることにより質の高い教育を実現します。

この4つの概念は、頭文字をとって「4C」と呼ばれます。この「4C」こそが他のアプローチにはないCLIL独自の考えかたであり、CLILの基本原理となります。「4C」を意識することで内容と言語を統合した授業が行いやすくなり、授業の質も間違いなく、ぐっと向上するはずです。

図2　CLILと4C

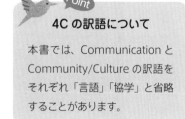

Point
4Cの訳語について
本書では、CommunicationとCommunity/Cultureの訳語をそれぞれ「言語」「協学」と省略することがあります。

---

[6] Coyle et al. (2010, pp.27-47)

CLIL の 4C

CLIL の 4C をもう少し詳しくみていきましょう。

Content（内容）

1つ目の「C」である Content（内容）は、新しく得られる知識やスキルに関するテーマやトピックを指します。学習者の知的好奇心を刺激し、汎用的能力の育成を意識した教室の中と外を結びつけるようなトピックが適しています。社会問題、専門分野、文化トピック、教科教育科目の内容などから、学習者のニーズや興味や関心に合わせて選びます。学期を通して深く学ぶこともできますし、特定のテーマとして1回の授業で完結することもできます。大切なことは、学習動機が高まるような内容を選択することです。

CLIL では「内容」を「宣言的知識」と「手続き的知識」に分けて考えます[7]。「宣言的知識」「手続き的知識」とはもともと Anderson (1982) が技能の習得の分野で用いた用語で、例えば自動車の運転の際に必要な言語や方法の知識を「宣言的知識」と呼び、実際に運転できる技術や技能を「手続き的知識」と呼んでいます。それに基づき、第二言語習得研究では、文法などの言語構造の知識を「宣言的知識」、実際に言語を運用する知識を「手続き的知識」と呼び、区別しています。この「宣言的知識」は頭の中で整理された「わかる」知識、「手続き的知識」は運用する「できる」知識ともいわれています[8]。

---

7 池田他 (2016, pp.3-4)
8 迫田 (2004, p.67)

CLILでは、「内容」についてもこの概念を援用し、「わかる」知識の獲得だけではなく、それを当事者として運用したり活用する「できる」知識を意識して内容を学習することが大切とされています。具体的な事例を通した説明は第2章で示します。

図3　Content（内容）

Communication（言語知識・言語使用）

　2つ目の「C」はCommunication（言語知識・言語使用）です。Communication（言語知識・言語使用）は、以下の①〜③の「3つの言語」から構成され、各言語側面の習得が促進されます。

① language of learning（言語知識の学習）：
　　テーマやトピックを理解し産出するために必要な重要語彙や表現、文法などの学習。

② language for learning（言語スキルの学習）：
　　資料収集方法、グループワークのしかた、質問や議論のしかた、発表のしかた、レポートの書きかた、など言語スキルの学習。

③ language through learning (学習を通した言語使用) :
　①の言語 (言語知識) と②の言語 (言語スキル) を組み合わせ、内容学習を通して実際に使用し、言語習得やより深い思考を促進する。

例 視聴覚教材や書籍などからの情報のインプット　→
　→　グループワーク　→　発表　→　ディスカッション
　→　レポート執筆など

　このように CLIL では、目標言語を、クラス内の仲間とのコミュニケーションをとる手段として、また発表や資料を読む、レポートを書くなどといった言語スキルとして使用し、語彙や文法などの言語知識を学びます。言語学習と言語使用の両者を有機的に組み合わせることにより言語習得を推し進め、内容の理解や思考を深めていきます。

図 4　Communication (言語知識・言語使用)[9]

　大切なことは、これら①～③の「3 つの言語」を授業設計の段階から計画的に取り込み、無理なくスパイラルな向上をめざす必要があるということです。

9　Coyle et al. (2010, p.36) をもとに作成。

思えば、筆者はCLILと出会う前、③ language through learning (学習を通した言語使用)のみを多用して内容を教える日本語の授業を数年行っていました。しかし、それでは① language of learning (言語知識の学習)や② language for learning (言語スキルの学習)が場当たり的となり、言語面での効果がよくわからなかったということがありました。「3つの言語」を意識して、授業を設計し、実施することにより、言語面での向上も把握できるようになります。

Cognition (思考)

　3つ目の「C」はCognition (思考)です。CLILでは、学習者は、表面的な理解、低次思考力LOTS (Lower-Order Thinking Skills)から深い理解、高次思考力HOTS (Higher-Order Thinking Skills)へと思考力を伸ばしていくと考えられています。この思考のピラミッドを援用して[10]、教師は、学習者の学びが、記憶(暗記や再生)→理解(説明・要約・分類・比較など)→受容・応用(実践・活用など)→分析(特徴づけ・批評・検討)→評価(判断・振り返り)→創造(計画・行動)へとつながるように、授業を準備し、実施していきます。

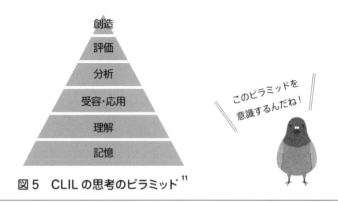

図5　CLILの思考のピラミッド[11]

10　Bloom (1956)、Coyle et al. (2010, p.17)
11　渡部他 (2011, p.8)をもとに作成。

具体的には、まずはそのテーマに関する基本的情報や概念、重要語彙や表現を覚え、事象の現状や仕組みを知ることから始めます（「記憶」「理解」）。そして、ディスカッションや発表の機会を通して「受容」した知識の効果的な「応用」や「活用」を考え、さらに他者の意見や異なる意見を取り入れてクリティカルに「分析」し、価値判断を行い（「評価」）、当事者としての「創造」や行動へ結びつくよう思考を深めていきます。具体的思考から抽象的思考へと深め、当事者として考えていく過程ともいえるでしょう。

　より上の思考レベルに上がるにつれ、求められる言語的レベルも高まるため、学習者が言語的挫折（正確さが落ちたり、沈黙したり、フィラーやくり返しが多くなるなど）を起こすこともしばしばあります。学習者は「内容」に意識を注ぎ、伝えようとしますが、言語的にそれが達成できない場合、そこをいかに教師や協学によりサポートするかが、CLIL教師に求められます。このサポートは、自力でできるようにするためのスキャフォールディング（scaffolding；足場かけ）といわれるもので、学習者が独力では達成できない課題であっても、他者や補助教材の助けを借り、また協働で課題を達成することによって、いずれ自力でできるようになるための一時的な支援を指します[12]。自力でできるようになるためには、この適切なスキャフォールディングが効果的だとされています。

　学習者は、思考のピラミッドを、スキャフォールディングを受けつつ、目標言語で達成していきながら、目標言語に対する自信や、やればできるという自己効力感を高めていきます。

---

12 Wood et al. (1976)

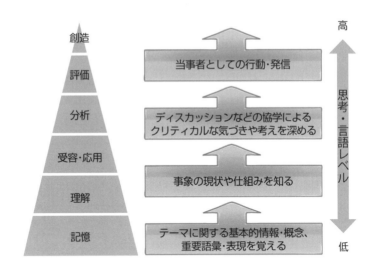

図6　CLILの思考のピラミッドと活動例

　スキャフォールディングについてもう少し補足しておきましょう。ヴィゴツキーは、人には自力で解決できる領域と、他者の適切な補助や支援があればできる領域、補助や援助があっても解決できない領域があるとしています。そして、この補助や支援があれば解決可能となる領域を最近接発達領域 (ZPD: Zone of Proximal Developmemt) という概念で表しています[13]。

　このZPDに働きかけるスキャフォールディングがより高次元への到達を促すとされているのです。教師は、より高次元へと思考を高めるために、ZPDへと働きかけるスキャフォールディングを意識し、学習者が自力でできる領域を広げていくというイメージを持つとよいでしょう。

---

[13] Vygotsky (1998, p.86)、ヴィゴツキー (2001, pp.297-306)

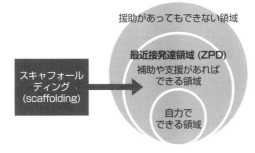

図7 最近接発達領域(ZPD)とスキャフォールディングのイメージ

Community/Culture (協学・異文化理解)

4つ目の「C」はCommunity/Culture (協学・異文化理解) です。

CLILではペアワークやグループワークなどの協働学習を多く行います。これは多様なクラスメイトの経験や意見を共有し、視野を広げ、異なる考えや意見にも耳を傾けて多くの視点、切り口から事象を捉え、対話を行い、クリティカルに考えることによってこれまでのステレオタイプや呪縛から自らを解き放ち、自分なりの視点を見いだすためです。つまり異文化とは、異なる国や地域の文化という狭義の意味だけではなく、個人間の経験や考えの違いをも含んでいるのです。

バイラム (2015) は、そのような異文化を理解する相互文化的能力 (intercultural competence) の構成要素として、「スキル (skill)：理解し関連づける力、発見し相互交流する力」「知識 (knowledge)：自己と他者についての知識、個人間・社会における相互交流についての知識」「態度・姿勢 (attitude)：自己相対化、他者の価値を認める姿勢」「教育 (education)：政治的教育・文化に対する批判的能力 (critical culture awareness)」を挙げています。

CLILではこのような相互文化的能力を高めながら、グループや教室から、

母文化コミュニティ、学習言語コミュニティという社会へ、そして地球市民の一員として、国際理解や異文化理解を促進させ、徐々に、自分が属するより広い構成の一員として物事を考えられるようになることをめざします。CLILが最終的にめざすところは、語れる「内容」があり、論理性と柔軟性を兼ね備えた「思考力」があり、それを効果的に伝える「言語力」があり、多様な他者と課題を解決していく「協働」力のある地球市民の育成です。教師は学習者が地球市民の一員として成長していくイメージを描き、授業を設計していくことが求められます。

図8　CLILにおける学習者のイメージ

第二言語習得の視点から見たCLIL

でもほんとに言語習得は進むのかなあ

　CLILのめざすところ、また教育原理は理解できたとして、本当に内容に焦点を当てた授業で習得が進むのかという疑問もわいてくるかもしれませんね。実は、第二言語習得の視点から見ても、CLILの方法は、理論的に合致しています。

　CLILでは、カリキュラムや内容を考える際に、学習者のニーズや興味を重視し、学習者がモチベーションを保って学習が継続できるような内容の選択、導入がなされます。動機づけ (motivation) は、第二言語習得の成否にかかわる大きな個人差要因として挙げられており、学習者の動機づけを高めるために、教師は「動機づけ環境の創造」「学習開始時の動機づけの喚起」「動機づけの維持と保護」「肯定的な自己評価の促進」が必要だとされています[14]。これは、まさにCLIL教師に求められていることと重なります。

　先にも述べたように、CLILでは、真正性の高い豊富なインプットが、視聴覚教材や書籍、ゲストスピーカー、教師から多く与えられ、自分たちで調べたり、学んだことを産出する機会や、協学の中でのコミュニケーション、討論する機会が多いことが特徴です。第二言語習得研究では、理解可能なインプットを大量に受けることで言語が習得されるという「インプット仮説[15]」、言語習得

---

14 Dörnyei (2001, p.29)、小林他 (2018, p.127)
15 Krashen (1982)

には、相手に理解可能な言語を産出する必要があり、そのような言語はより正しく適切だとする「アウトプット仮説[16]」、インタラクション中の意味交渉がインプットの理解を可能にし、自分の言語と正しい言語のギャップに気づきを与え習得を促すとする「インタラクション仮説[17]」により、豊富なインプット、意味のあるアウトプットやインタラクションが大切だということが説明されていますが、CLIL では豊富なインプットやアウトプットの機会があり、意味のあるインタラクションが組み込まれています。

また、CLIL においては、内容や意味を学びながら形式にも焦点を当てる学習がなされています。内容だけではなく言語形式にも意識を向けるアプローチを、「フォーカス・オン・フォーム (Focus on Form)」といいますが、意味の伝達を中心とした言語活動において、教師が必要に応じて学習者の注意を文法などの言語形式に向けさせるため、CLIL にも多く取り入れられています[18]。このアプローチは、形式ばかりを重視する「フォーカス・オン・フォームズ (Focus on Forms)」と、意味ばかりを重視する「フォーカス・オン・ミーニング (Focus on Meaning)」双方の反省からアメリカで生まれたものです。解決会話の流れを極力中断させることなく、教師はその誤り部分を正しい形式に言い換え、言い直し、リキャスト (recast) したり、明示的に指摘し、誤りを訂正させるなどの方法で行われ、さまざまな研究から言語習得への有効性が検証されています[19]。これは、ある言語項目を習得するには学習者自身の気づきが必要であるとする「気づき仮説[20]」に基づいたものでもあります。

また、習得は他者と協働で行う活動によって起こるという社会文化理論という理論があります。CLIL では、協働学習が多用されます。例えば、筆者たちの

16 Swain (1985)
17 Long (1996)
18 和泉 (2016)
19 詳しくは、白畑 (2015)、大関他 (2015) を参照のこと。
20 Schmidt (1990)

取り組みのなかでは、貧困のメカニズムについて数コマの絵を見て説明したり、協働でレジュメを作成するという活動を行っていますが、そのようなとき、学習者は語彙や文法に関する問題に対して、協働対話 (collaborative dialogue)[21]で解決していることがよく見られます。第二言語習得では、そのような協働対話が、コミュニケーションの手段だけではなく、目標言語の仮説を立てたり、既有の知識を整理・再構築したり、誤りの理由への気づきにつながるなど、第二言語を学ぶ認知的な手段であること、協働で書いたほうが正確性が高まることなどが証明されています[22]。

このように、CLILには第二言語習得に効果的だとされているエッセンスが無理なく、そして惜しみなく注がれているといえるでしょう。

---

21 Swain & Lapkin (2002)
22 Swain & Lapkin (1998)、Storch & Wigglesworth (2007)、王 (2014) など

コラム
column

CBI とどう違うの？
TBLT との共通点は？

　CBI (Content-Based Instruction) と CLIL は共通点が非常に多いことで知られています。まず、内容が学習の中心にあること、言語は内容を学ぶ手段であると考えられていること、真正性の高いオーセンティック (authentic) な素材を用いて意味のある総合的な活動を行うことなどが挙げられます。つまり、内容、言語力、思考力が養成されるという教育原理はほぼ同じと言っても過言ではないでしょう。

　では、その違いは何なのでしょうか。CBI は専門のための英語教育やイマージョン教育などを背景に 1980 年代にアメリカで体系化された教授法です。一方、CLIL は、1990 年代に、ヨーロッパの複言語主義を背景に、ヨーロッパの市民形成の必要性とともに急速に広まったものですから、両者の違いとしては、まず背景に北米とヨーロッパの異なるニーズがあるということが挙げられるでしょう。

　もう一点、異なる点として、CLIL には、4C に基づき、計画的に内容・方法・教材を選択、設計する点、低次思考力 LOTS から高次思考力 HOTS をめざすというフレームワークが掲げられていることが挙げられます。この使い勝手のよいフレームワークがあるために、実用性が高い[*]といわれています。

　それ以外にも教師の協力体制や内容の取り上げかたなど CBI と CLIL は異なるとする見解もあります[**] が、共通点のほうが多いことは間違いなく、共通して使えるツールの共有や、共通課題の解決、検証などをしていく必要があるといわれています[***]。

　また、多くのタスクによって構成される CLIL は、TBLT (Task-Based Language Teaching)[****] とも多くの共通点があります。TBLT では、真正性の高い、ロールプレイなどがタスクとして設定され、意味のあるやり取りのなかで、学習者は必要な語彙や表現を学んでいきます。先に語彙や表現、文法などのタスクに必要な言語知識を学んでから行うこともあれば、先にタスクを行ってから、言語知識を確認し、再度タスクを行う場合もあります。TBLT において、タスクを考える際には、タスクを達成するために必要な形式や語彙を分析し、それを使えるようになるような支援方法を考えることも多いのですが、これは、CLIL のタスクやアクティビティで教えるべき言語知識や言語スキルを考え、フィードバックをする際の考えかたと同様です。思考的負担の軽いタスクから、重いタスクへ配列していく点も一致している点です。

---

[*]　Coyle et al. (2010)、渡部他 (2011)
[**]　Dale & Tanner (2012)
[***]　原田 (2018)
[****]　詳しくは、松村 (2017) などを参照のこと。

日本語教育で CLIL

急に明日の授業から CLIL を取り入れるのは少し難しそうという印象があるかもしれません。でも、日本語教育では、CLIL 的なことをすでに多く実践してきているのです。日本語を教えている方で、以下のどれもやったことがないという人はいないのではないでしょうか。

- ペアワーク
- グループワーク
- プロジェクトワーク
- ディスカッション
- ディベート
- インフォメーションギャップタスク
- 分担読解
- プレゼンテーション
- ポスター発表
- ピア・ラーニング
- ピア評価
- 反転授業
- フォーカス・オン・フォーム
- 暗示的フィードバック
- 明示的フィードバック
- 作文学習
- 語彙学習
- 文法・表現学習

例えば、日本の食べ物に関するトピックの際にペアやグループで、どんな食べ物が好き／嫌いか、それはどのような食べ物か、どうして好き／嫌いか、などを話すことがありますね。

　これは、「内容 (Content)：日本の食べ物」「言語 (Communication)：language through learning (学習を通した言語使用) を行う」「思考 (Cognition)：嗜好の理由などを理解する」「協学・異文化理解：(Community/Culture)：異なる文化や嗜好を知る」の 4C を用いていることに相当します。

　また、この言語活動の際には、ペアやグループで話す前に料理に関する語彙や表現、理由を述べる文法形式などを明示的に導入する場合もありますし、モデル会話としてそのような形式にやや焦点を当てて暗示的に例示することもあるかもしれません。また、学習者が誤った形式を表出した際に、言い直すなどして暗示的にフィードバックを与えたり、学習者に共通した誤りがあれば明示的に取り出して教室全体としてフィードバックし、練習を行うこともあるでしょう。それらはふだんの授業の中でなされていることですし、これから CLIL 授業をする際にも大いに生かせることです。

　「日本の食べ物」のトピックをもし、より高次思考力をめざし、数回の授業をかけて行うのであれば、1 週間に食べたものをリストアップする、それらの食べ物の原材料を調べる、それらがどこから来たものか調べるなどの活動を通じて、自分たちの食べ物が世界とつながっていることへの気づきを得たり、食品添加物や食料自給率、食料の廃棄問題の知識を得るための記事や映像を読んだり見たりすることが考えられます。もちろん同時に、それらの過程で必要な語彙や表現を覚えます。記事を読んだり、映像を見たりするのは、授業外で行うなどの反転授業も考えられるでしょう。そして、食料自給率の低さやその原因、食料の廃棄問題とその解決策についてディスカッションしたり、実際そのような問題に取り組んでいる人の活動を調べてクラスで紹介をするプレゼン

テーションを行いながらそのような語彙や表現を実際に使って自分のものにしていきます。そして、「よいプレゼンテーションとは」何かについてクラスで考え、ピア評価を行ったり、今後メニューを選ぶときや食べ物を買う際の自分なりの行動を考えてディスカッションし、レポートを作成するなどの活動へと発展させることなどが考えられます。このように、「低次思考力」から「高次思考力」へと発展させながら、教室からより広い社会の構成員を意識させて、そのときどきに必要な言語的なスキャフォールディングを考えて進めることが可能です。このように、4Cを意識することで、ふだんの授業がぐっとCLIL的な授業になり得るのです。

なるほど。通常扱っているトピックもCLIL的に、発展させられるんだね！

CLIL の取り入れかた

　CLIL には、コース全体を CLIL で計画、設計する「強 CLIL」と、コースの一部、また授業の一部に取り入れる「弱 CLIL」があります。また、言語知識の学習をメインにもってくる「ソフト CLIL」、内容面をメインにもってくる「ハード CLIL」もあります。それぞれの中間的な形態ももちろん考えられます。教育現場の実情に合わせて、頻度や目的を変えて、さまざまなバリエーションでの取り入れかたが可能です。コースの中の回数や、授業内で CLIL を扱う比率などもそれぞれの学習機関やコースに合わせることができます。大切なことは 4C をいかに取り入れられるか、またどのように取り入れると効果的なのかを考えることです。

　4C を意識しながら、まずはできる範囲で取り入れてみませんか？

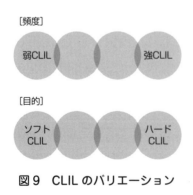

図9　CLIL のバリエーション

CLILを想定した
実践例

具体的に、どんなふうに授業をするのか、知りたい！

例えば、日本のエネルギー問題を取り上げた日本語の授業の場合を想定し、どのような活動が可能か考えてみましょう。コース全体をCLILで構成する「強CLIL」かつ言語学習も内容学習も同等程度の重みづけで行う「ハード」と「ソフト」の中間、いわば「ミディアムCLIL」という位置づけの実践をイメージしてください。

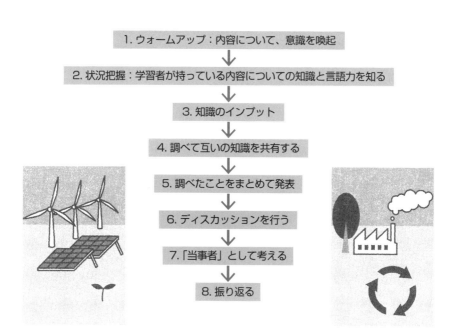

1. ウォームアップ：内容について、意識を喚起
2. 状況把握：学習者が持っている内容についての知識と言語力を知る
3. 知識のインプット
4. 調べて互いの知識を共有する
5. 調べたことをまとめて発表
6. ディスカッションを行う
7. 「当事者」として考える
8. 振り返る

1. ウォームアップ：内容について、意識を喚起

取り上げるトピック、内容について、身近なもの、具体的なことから考えるきっかけを与えましょう。

興味・モチベーションを引き出す

大きな環境問題やエネルギー問題をいきなり考えてみようということではなく、ふだん、電気をどれくらい使用しているのか、ひと月の電気料金はどのくらいか、よく飲むお茶やジュースのペットボトルはどのように処理されるのかなど、身近なことから興味を引き出していきましょう。最近、必要最低限のモノだけで暮らす「ミニマム生活」なども話題になっていますが、例えば、冷蔵庫や洗濯機なしで暮らせるのかなども、みんなで想像して話してみてもいいかもしれませんね。

2. 状況把握：学習者が持っている内容についての知識と言語力を知る

まずは内容について、今持っている知識を使って話したり書いたりしながら、学習者間で共有してみましょう。例えば、「環境とエネルギー」などの大きなテーマで作文を書いてみるのもいいでしょう。教師はどの程度の知識や意識があるのかを知ると同時に、言語力を把握することができます。また大人数の場合、言語的フィードバックを与えるのが授業の中では難しい場合もありますが、作文は、個々にフィードバックすることができるいい機会でもあります。

「内容」と「言語」の「$i+1$」*を探る

* 第二言語習得研究では「今持っている知識（i）＋少し上のレベルのインプット（1）」を与えるといちばん習得が進むとされています。インプットが低すぎても高すぎても効果は弱まります。学習者の今のレベルを的確に把握することで効果的なインプットのレベルを決めることができます。

3. 知識のインプット

できるだけオーセンティックな読み物やビデオなどを用いるとよいでしょう。学習者のレベルによって、字幕の有無や、語彙リストを配布するなど調整して使用しましょう。反転授業として、自宅でゆっくり自分のペースで読んだり、視聴してくることも考えられます。

効果的なスキャフォールディングを意識する

先ほども述べたように、CLIL では、学習者が自力で言語運用ができるようになるための支援「スキャフォールディング (scaffolding；足場かけ)」が非常に重視されており、コース全般を通して準備する必要があるといわれています。より詳細な具体例は第 2 章、第 3 章、第 4 章で示しますが、スキャフォールディングの方法には例えば以下のようなものがあるとされています。

① 課題についての興味を喚起する
② 課題を適度に易しくする
③ 課題の達成過程を評価する
④ なされたことと、目標との違いの重要な要素を明示する
⑤ 問題解決過程でのフラストレーションをコントロールする
⑥ 期待されているよい行動のモデルを提示する

つまり、与えるインプットのレベルが高い場合には、教師による適切なスキャフォールディングにより、理解できるようにしたり、負担を軽くすることも可能です。具体的には、もし学習者のレベルよりも読み物レベルが高い場合には、ルビをふる、キーワードを与える、語彙リストを配布する、文章量を減らす、分担読解にするなどの工夫をするとよいでしょう。

4. 調べて互いの知識を共有する

内容のうち、もっと知りたいことについて各自もしくはグループで調べ、調べてきたことを共有し、まとめてみましょう。例えば、世界でエネルギー使用料が多い国や少ない国について、統計データを調べたうえで、それぞれの国の暮らしや、起きている問題をグループで担当して調べてもよいでしょう。

「協学」を効果的に用いる

クラス全体の活動ではなく、各自、ペア、もしくはグループでの活動にすることで、同じトピックでも調べてくる視点やまとめかたが異なることが多く、多角的に内容を把握することが可能となります。また他者との視点の違いについて、気づきを得ることも多くなります。また共有する過程で、言語的な誤りの修正がなされたり、気づきが起きたり、それを言語化して自分のことばで説明する[23]ことがあります。

---

[23] 自分のことばで第二言語について説明しながら第二言語に関する理解を洗練させていくプロセスは、「ランゲージング (languaging)」と呼ばれ、その効果が指摘されています (鈴木, 2008)。

5. 調べたことをまとめて発表

　調べたことをまとめて発表してみましょう。発表形態は、ポスター発表、スライドを用いた発表などが考えられます。調べたことを伝えることで、知識や言語の定着をはかり、質疑応答に対応するなかで新しい気づきを得ます。また内容について、どう伝えるのか、見やすいスライドにはどのような工夫が必要かなど、わかりやすい発表のしかたにも気を配る大切さを学びます。

評価基準を考える

発表を一方的に教師が評価するだけではなく、発表の準備前にクラスで、内容や発表のしかたなどについての評価基準を考えて決めることもできます。評価基準を明示しておくと、何に気をつけて発表を行うといいのかが意識化しやすくなります。第3章で評価基準を作る活動を紹介します。また、評価については第5章で詳しく説明します。

見やすいスライド

学生が最初に作成するスライドには、長い文章が載せられ、そのまま読んで発表してしまうケースが多くあります。発表前に見やすいスライドとはどのようなものか話し合って確認しておくとよいでしょう。筆者たちは、発表の前に一度、見やすさや、文法、表現についてフィードバックを与える機会を設けています。グループ発表の場合、全員が来られなくても時間の都合がつくメンバーが作成したスライドを持参し、いっしょに見てコメントをします。個別に言語面について指導するいい機会にもなっていると同時に、個々の学生と向き合って話せる時間になっています。

学生が作成したスライド

最初は文字の羅列だった

フィードバック後、本番で使用したスライド

一文が短くなり、番号や矢印を用いた見やすいスライドになっている

6. ディスカッションを行う

　これまでに知った内容から、さまざまな意見が想定されるようなポイント(観点)について、ディスカッションを行いましょう。さまざまな意見が出るよう、オープンエンドなディスカッションポイントを設定すると、対話が生まれ、より活発なディスカッションが期待できます。ディスカッションポイントは学習者に設定させるといいでしょう。ディスカッションの詳しい方法も第3章で述べます。

クリティカルにディスカッションしよう

自分と異なる考えにも耳を傾けながら、自分の考えを伝えましょう。答えは1つとはかぎりません。また正解は決まっていません。他者の考えから得た新たな気づきを意識し、思考の深化を共有しましょう。教師は、建設的なディスカッションのしかたについて、必要であれば言語的側面の補助も行います。

7.「当事者」として考える

　これまでに得た知識をもとに、当事者として考え、自分たちができることや将来的にしてみたいことなどを話し合ってみましょう。大きなことでなくてもかまいません。日常的なことや些細なことでできることや、気をつけたいことを考え、共有しましょう。

「自分事」として考えよう

他人事ではなく、「自分事」として捉えて考えることが大切です。当事者性を高め、創造、行動、発信へつなげましょう。

高次元の「思考」へ！

8. 振り返る

　CLIL授業を通して、どのような自己変容があったのか、4Cを意識して振り返ってみましょう。授業の最初に配布したシラバスや、授業のポートフォリオを見てグループで話し合ったり、自己変容について文章にまとめてもよいでしょう。また、授業の最初に書いた作文と同様のテーマで作文を書くと、知識や思考の深まりを感じることができるでしょう。

成長を実感できるようにしよう

学習者自身に成長を感じてもらうことが重要です。各4C(内容、言語知識・言語使用、思考、協学・異文化理解)の側面から考えると、CLILを通した学びや成果を実感することができます。

> 4Cを意識して振り返るんだね！
> 学習者といっしょに成長を
> 実感することができそう

コラム / column

イチ日本語教師が、専門でもない内容を扱っていいの？

　日本語教師は言語そのものだけを教える教師ではありません。言語を学ぶことはその言語を使用するコミュニティや社会を学ぶことでもあります。また現在、日本語はさまざまな国で使用され、学習されています。つまり、日本語はもはや日本だけのものではないのです。日本以外の社会や文化、問題について日本語で考え、学習者が発信することも重要です。そのときに専門でないから取り上げられないと思うのではなく、学習者と共に学び（あるいは一歩先に）、教師として人間として成長していけばよいのではないでしょうか。また、専門家に協力をお願いしたり、連携することも可能かもしれません。また内容によってはむしろ専門家ではないからこそ、ニュートラルに内容を扱えることもあると思います。

　使用できるツールを駆使して学習者が内容を深めていけるように、スキャフォールディングを行いながら対話の調整をするプロとして胸を張ってもいいのではないでしょうか。CLIL授業を通して、より深く学びたい、考えたいと思った学習者が、その後の学びを深めるきっかけとなることもあると思います。

　かくいう私も、最初は国際協力の専門家でもないのに世界の貧困問題や平和問題を扱っていることについて自信が持てませんでした。長く日本語教師をしていると多くの国の学生と出会います。世界で起きるニュースを見ると、やはり日本語教師として無視することができません。しかし、できることといえば、想いを馳せることぐらいです。しかも、日々の生活の中ではそれすらも難しいことがあります。ですが、それらを授業で取り上げて、学生といっしょに考えてみることでなら何かできるかも、と思いました。これが日本語教師として毎日の取り組みの中でできる精一杯の小さなアクションだったのです。始めたときは、「日本語を学びに来ているのに、この授業は何？」という反応だったらどうしようという思いもありましたが、学習者の食いつきは、他のどの授業ともまったく異なりました。そして、生きた日本語を使って、学習者自身が考え、学び、それぞれの言葉で想いを語る姿を見て、日本語というツールを使って、このような機会や場をつくる役割なら日本語教師が果たせるのではないかと思うようになりました。

　今学期のある学習者が書いたレポートには、「アフリカのカカオ農園で働く子どもたちがチョコレートが何かを知らないことよりも、毎日チョコレートを食べている私たちが、このチョコレートがどのように作られているのかを知らないことのほうが恥ずかしいことだ」と書いてありました。学習者の言葉には毎学期、はっとさせられます。教師自身も学習者といっしょに成長しながら取り組めるのが CLIL だと思っています。

日本語学習者は、国籍も専門も多様です。将来、世界各地、さまざまな分野で活躍する人材です。そのような学習者が、CILLの授業で学んだことをなんらかの形で役立てたり、実現したりしてくれるかもしれません。
　CLILを通して蒔いた種が世界のどこかでいろいろな花を咲かせるかもしれない、そう思うと夢は果てなく広がっていきます。

CLIL における教師の役割[24]

「言語」と「内容」を使った活動の仕掛人

　CLIL では、教師には、いわゆる文法項目などの知識を一方的に教える役割よりも、「言語」と「内容」を統合させた活動をクラスで展開するための仕掛人的な役割が求められます。活動の内容と時間配分を考え、教室内では、活動に目を配りながら、ファシリテーターとして仕切ることが大切です。

「内容」への動機づけを高め、興味を抱かせる

　どのような「内容」を扱うかが、CLIL 授業の成功の鍵を握っているともいえるでしょう。教室の中と外とをつなぎ、クリティカルに、学習者が当事者性をもって考えられるような、知的好奇心に見合う「内容」がいいと思いますが、必ずしもすべての学習者の興味に合うとはかぎりません。学習者が「内容」への動機づけを高め、興味を持ち、自らに引きつけて考えられるような導入ができるとよいでしょう。

24　Dale & Tanner (2012, pp.14-21) 参考。

活動に必要な語彙や表現にフォーカスを当てる機会をつくる

CLILでは、どうしても「内容」に焦点が当たるため、「言語」面の比重が少なくなる危険性もあります。活動に必要な語彙や表現にフォーカスを当てる機会を意識的につくる必要があります。その活動で、知っている必要のある語彙や表現を事前にピックアップしておきましょう。タスクの中で、言語表現にフォーカスを当てフィードバックを与える「フォーカス・オン・フォーム (Focus on Form)」を常に意識するといいでしょう。

「協学」の機会を設ける

CLILでは、協学により得られる学びを大切にします。他者から学び、内なる自己に目を向けることで思考も深化していきます。教室内の雰囲気づくりを心がけ、互いに尊重し合い、楽しく学べる教室風土をつくりましょう。そして、ペア活動から、グループワーク、クラスの中での協学により、コミュニケーション能力を養いながら、効果的な学びが得られるような活動の機会を設けましょう。教室の外の構成員との学びや活動の機会を設けたり、社会の一員、地球市民の一員として学び考えることも「協学」です。

個別フィードバックの機会を設ける

　CLIL では協学が奨励され、協働作業が多くなることから、個人の学びや、習得ののびが見えにくくなる場合もあります。教師は、個別にフィードバックを与える機会を、口頭発表や提出物の機会を利用して意識的に設けましょう。また、グループでの役割を固定化しないようにし、決まった人だけが発言や発表をすることがないような配慮も必要でしょう。グループ活動中も各学習者をよく観察することが大切です。席もいつも同じ人と座るのではなく、変化をつけて座れるような工夫をするとよいでしょう。

真正性の高い素材を用いたインプットを与える

　CLIL では、できるだけ真正性 (authenticity) の高い生の素材を使用したインプットを与えることが奨励されています。音声、紙媒体、映像、実物、写真、絵など、さまざまな媒体を活用し、豊富なインプットを与えることで、言語的にも内容的にも理解を深めます。

　レベルに合わせてコントロールされた素材を用いるのではなく、生の素材から豊富なインプットを得ることにより、学習者の自信や動機を高めることにもつながります。真正性の高い素材を用いることにより、教師には、レベルに合わせたスキャフォールディングを考えることが求められます。

自分で調べる機会を与える

　CLILでは、教師が用意したインプットだけではなく、学習者が自ら考え調べる機会があるとよいでしょう。社会に出る前に、自ら調べて考える地力をつけておく必要があります。知りたいと思ったことについて調べる方法や、情報のとりかた、元となる情報の信頼度などを知る機会を提供しましょう。時間が確保できるのであれば、実際に現地を訪れて見学したり、インタビューするなどの活動も有効です。

学習者と共に成長する

　CLILでは専門家と協力した授業展開も多くなされていますが、語学教師のみで行うことも多いです。その場合、内容についての専門家ではないことのほうが多いと思いますが、内容については、「教える」のではなく、教師も学習者と共に成長していこうという気持ちが大切です。

学習者の声をきく機会を設ける

　CLILでは、一方的な授業進行や評価を行うのではなく、学習者の声をきく機会を設けながら、ある程度、臨機応変に活動を進めることも大切です。例えば、評価基準をクラスで決めるということも学習者の声をきく機会の1つとなります。

インタラクティブになるような教室風土をつくる

　CLILでは、活動の種類により、教師よりも学習者の発言量のほうが多くなる場合が多々あります。クラスがインタラクティブになるよう励まし、発言しやすく、サポーティブな学習環境、教室風土をつくりましょう。

総合的に評価する

　CLILでは、「内容」「言語知識・言語使用」「思考」「協学・異文化理解」という4Cを意識した授業を展開しますから、評価も4Cを意識して、総合的に評価することが必要です。授業内の観察、ルーブリックの作成、学習者自身の評価や、ポートフォリオなどを活用することにより、総合的な評価に近づくでしょう。評価の詳しい方法は第5章でご紹介します。

今まで心がけてきたこと、やってきたことと重なる部分も多いな

この後の章では、どのように4Cを意識するのか、コースのつくりかた、スキャフォールディングのしかた、CILLの取り入れかた(中上級編、初中級編)、授業の組み立てかた、CLILの評価のしかたについて、ご紹介していきます。

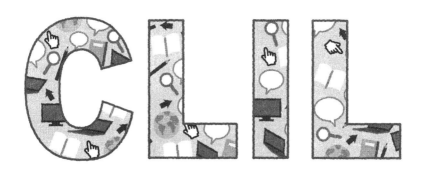

第2章

4Cを意識したら、授業が変わる?

CLIL のコースを計画しよう

CLIL では 4C が大切なことはわかったけど、どうやって授業に取り入れたらいいんだろう？

　第1章では、CLIL の授業を考えるうえで「4つの C」が欠かせないことを見てきました (p.8 参照)。4つの C とは、Content (テーマやトピック)、Communication (語彙・文法などの言語知識、聞く・読む・話す・書くといった言語スキル)、Cognition (暗記・理解・応用という低次思考力と分析・評価・創造といった高次思考力)、Community/Culture (協学・異文化理解) です。第2章では、これら 4C をはじめとする CLIL の基本原理に基づいた授業を行うための最初のステップとして、CLIL のコースをどのように計画するのかについて説明したいと思います。

　第1章でも触れたように、CLIL のコースにはさまざまなバリエーションがあり、教育現場の実情に合わせてコースを組み立てることが可能です[1] (第1章 p.24 参照)。図1は、CLIL の種類を、目的、授業頻度・回数、授業内比率、使用言語に基づいて分類したものです。まず、図1のいちばん上にあるコースの目的に基づいた分類を見てみましょう。例えば、大学における CLIL のコースを例にとれば、外国語科目の1つとして CLIL を実施する場合もありますし、専門科目を外国語で学ぶという取り組みのなかで CLIL が導入される場合もあるでしょう。主な目的を「言語学習」とするのか、それとも「内容学習」とするのかによって、コース全体の構成が変わると考えられます。

---

[1] Bentley (2010, p.6)、渡部他 (2011, pp.9-11)、和泉 (2016, pp.85-87)

また、CLILによる授業の頻度・回数や比率の面から考えるなら、コース全体、またはほとんどをCLILで設計することもできますし、一部にCLILを取り入れたり、単発的な授業として実施したりすることもできます。

　さらに、授業を目標言語(日本語)だけで進めるのか、それとも英語などの媒介語や学習者の母語を併用するのか、という観点からもさまざまなタイプのコースづくりが考えられます。

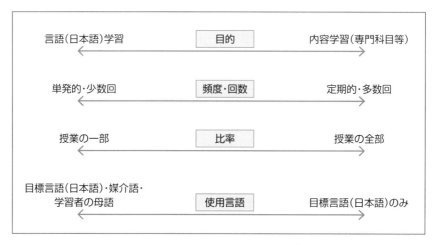

図1　CLILのバリエーション[2]

　図1は、CLILのバリエーションの両極端の形を表しているので、中間的な形でのコースづくりももちろん可能です。担当する教育現場の教育制度や学習者の言語レベル、ニーズなどに応じて柔軟なコースづくりができる点もCLILのよい点といえるでしょう。ただし、忘れてはならないのは、どのような形態のコースでもCLILの基本原理である4Cをしっかりとコースに取り入れていくことです。

---

[2] 渡部他（2011, p.10）を参考に作成。

第1章では、「日本のエネルギー問題」を取り上げた CLIL コースの流れと活動例を紹介しました (第1章 p.25 参照)。第 2 章では、もう 1 つ別の例を挙げながら、CLIL の 4C をどのようにコースに取り入れるかという点に着目していきます。ここで取り上げるのは、大学における中上級レベルの学習者を対象とした日本語コースです。このコースでは「若者の雇用と働きかた」を Content (内容) として取り上げ、15 回のコース全体を CLIL で実施しました。また授業では、媒介語や学習者の母語は用いずに、目標言語 (日本語) のみで授業を行うこととしました。

　表1は、おおまかなものですが、コースの概要を 4C に基づいてまとめたものです。4C の項目ごとに取り入れる要素をまとめておくことで、コース全体を通してどのように 4C の考えを反映させるか、教師自身が事前に考えを整理しておくことができます。

表1　CLILのコースにおける4Cの配置（例）

	Content （内容）	Communication （言語）	Cognition （思考）	Community （協学）
1～3回目	雇用のグローバル化とその背景、影響を知る	言語知識 （語彙・文法） 言語スキル （読解・議論）	LOTS （暗記・理解） HOTS （分析）	個人 （読解） ペア、グループ （議論）
4～7回目	若者の雇用状況と働きかたの変化を知る	言語知識 （語彙・文法） 言語スキル （読解・発表・議論）	LOTS （暗記・理解） HOTS （分析・評価）	個人 （読解） ペア、グループ （議論）
8～11回目	将来の働きかたや就きたい職業、必要とされる能力について考える	言語知識 （語彙・文法） 言語スキル （読解・発表・議論）	LOTS （暗記・理解） HOTS （分析・評価）	個人 （読解・発表） グループ （議論）
12～14回目	将来のために、今、自分にできることを考える	言語スキル （議論・発表）	HOTS （分析・評価・創造）	個人 （発表） グループ （議論）
15回目	学んだことを振り返る	言語スキル （議論・作文）	HOTS （分析・評価・創造）	個人 （作文） グループ （議論）

注）　表中で「Culture（異文化理解）」には言及していませんが、コース全体を通して雇用のグローバル化と働きかたの変化、失業者の増加や若者の就職難といった、世界共通の課題について考えていきます。

第2章　4Cを意識したら、授業が変わる？

以下では、表 1 をもとに、4C それぞれについて、コースを設計するうえで
どのような点に留意する必要があるか見ていきましょう (4C の概念について詳
しくは第 1 章 pp.9-16 参照)。

1. Content (内容)

　CLIL のコースを計画するうえで最初に考えるのは、もちろん、どのような
Content (内容) を取り上げるかということです。さらにコース全体の流れの
なかでどのように内容理解を深めていくか、という Content (内容) の配列も
考えなければなりません。

　コースにおける Content (内容) の配列に関しては、いくつかのバリエーショ
ンが考えられます[3]。表 1 で紹介したのは、「若者の雇用と働きかた」という 1 つ
のテーマを設定し、15 回の授業を通してそのテーマを深く掘り下げていくタイ
プのコースです。しかし、このようなタイプだけではなく、もう少し広くテー
マを設定したうえで毎回の授業を通して、さまざまな観点からテーマについて
考えていくタイプのコースづくりもできます。例えば、「日本事情」のコース
において、日本の行事、食文化、教育制度、結婚、働きかたなど毎回の授業で
扱う Content (内容) を変えながら、日本社会や文化について概論的に理解を
深めていくのは、このタイプのコースといえるでしょう。

　どちらのタイプであっても、最終的にどのような知識を得てほしいかを考え
て、コースのなかでの Content (内容) の配列を考えていきます。この点を考
えるうえで、「宣言的知識 (わかる知識)」と「手続き的知識 (できる知識)」と
いう、知識を 2 種類に分ける考えかたが参考になると思います (第 1 章 pp.9-10
参照)。CLIL では、知識の現実への応用を重視しており[4]、コース全体の構成を

---

3 渡部他 (2011, pp.18-19)
4 池田他 (2016, pp.3-4)

考えるうえでは、テーマに関する基礎知識の理解からその知識の実生活への応用まで、つまり「わかる知識」から「できる知識」へというつながりを意識します。例えば、表1のようなコースであれば、コース前半では、雇用を取り巻く現状や若者の就職、働きかたの変化などテーマにかかわる基礎知識を中心に学び、後半では就きたい仕事やその職業に求められる能力を調べ、将来のために今できることを考えるといった流れが考えられます。このようなContent（内容）の配列により、教室で学んだことをどのように実社会で役立てていくかという視点が明確となります。

2. Communication（言語知識・言語使用）

次に「Communication（言語知識・言語使用）」に関しては、「language of learning（言語知識の学習）」「language for learning（言語スキルの学習）」「language through learning（学習を通した言語使用）」という3つの側面を意識します（第1章 pp.10-11参照）。学習者が特定のContent（内容）を理解するためには、理解の鍵となる語や表現、文法を知る必要があります。表1のようなコースであれば、雇用、就職活動、残業、正社員、派遣社員、ワークライフバランスなどの語やその発音などがそれに当たります（language of learning）。

このようなContent（内容）を理解するために絶対に必要となる言語知識は「内容必須言語（content-obligatory language）」と呼ばれます[5]。そして、CLILでは内容必須言語を中心として、テーマに対する学習者の理解を促したり、思考を深めたりするための活動を考えていきます。例えば、表1のコースなら、就職活動についての新聞記事を読んだり、労働時間数を表す統計資料を調べたりといった言語スキルの練習が考えられます（language for learnig）。注意しなければならないのは、言語知識と言語スキルのどちらかだけに偏らないように

---

5 Coyle et al.（2010, pp.59-61）、池田他（2016, p.8）

することで、両方を使うことができる活動を考案してコースに取り入れていきます (language through learning)。

3. Cognition (思考)

　さらに、「Cognition (思考)」についてです。語彙や文法の「暗記」、テキストの内容「理解」などの低次思考力 (LOTS: Lower-Order Thinking Skills) は、基礎的な外国語能力を養うために重要なものです。しかし、これらに加えて、雇用のグローバル化と若者の就職難の関係を調べて「分析」する、これまで行われてきた就労支援策を「評価」する、今自分たちにできる就職対策を「創造」する、などといった高次思考力 (HOTS: Higher-Order Thinking Skills) をベースとした活動を取り入れるところに CLIL の特徴があります (Cognition と教室活動の関係について詳しくは第 3 章 pp.73-74 参照)。

　毎回の授業に低次思考力と高次思考力の両方を使う活動が含まれるのが理想ですが、コース全体の流れの中では、前半は低次思考力を使う活動を中心として、Content (内容) の理解を深め、後半で高次思考力を必要とする発展的な活動に取り組むという構成も考えられます。

4. Community/Culture (協学・異文化理解)

　また高次思考力を養うためには、「Community (協学)」の経験が重要です。ペアやグループワークをするときには、単純な答え合わせや相手の知識を確認するだけではなく、自分の考えを述べたり、他の人と意見を交わしたりする活動や場を設定することがポイントです。さまざまな国・地域出身の学習者が集まる日本語クラスは、「Culture (異文化理解)」を学ぶのにも絶好の環境といえます。表 1 (p.45) のようなコースであれば、学習者の社会背景や文化によって、働くことの意味やワークライフバランスに対する考えかたは異なるかもしれま

せん。グループワークの際にも、異なる国・地域出身の学習者どうしが同じグループで活動することによって、自分と違う意見や価値観を知ることができ、多角的な観点からテーマについて考えることにつながる可能性があります。

　ちなみに、ここで言う Community は、教室の中の関係だけを指すのではなく、教室の外の世界とのつながりも意味します。例えば、日本で就職した元留学生を授業に招いて話を聞いたり、企業見学をしてみたりすれば、将来の職業や働きかたについてよりイメージしやすくなります。さまざまなレベルの協学を取り入れてコースを設計することが大切です。

　ところで、コース全体を CLIL で実施するのは、言語的にも内容的にも難しそうで、中上級レベル以上のクラスでしか実施できないように見えるかもしれません。しかし、教師が学習を支援するための「スキャフォールディング (scaffolding；足場かけ)」（第1章 pp.13-15 参照）を準備することによって、初級でも CLIL によるコースを行うことはできます（初中級クラスでの実践例は第4章参照）。また、最初からコースのすべてを CLIL で実施するのに不安がある場合には、コースの一部に取り入れてみることから始めてもいいかもしれません。

　CLIL のコースには多くのバリエーションがありますが、大切なことは CLIL の基本原理である 4C をどのように取り入れるか、教師が事前にしっかりと計画しておくことです。4C を意識することによって、皆さんの教育現場においても、CLIL によるコースづくりが十分可能になると思います。

CLIL の教材を作ってみよう

CLIL にチャレンジしてみたいけれど、教材はどうしたらいいんだろう？

　ここまで CLIL のコースをどのように計画するかを考えてきましたが、次にそのデザインにもとづいて教材の準備をしていきましょう。授業の際の主たる教材といえば教科書ですが、現時点[6]では、市販されている CLIL 教科書のなかで日本語学習者を対象としたものは見当たらないようです。そのため、教材は教師が自分で作るということになりますが、そう聞くと、日々忙しい教師にとっては大変な負担に思えるかもしれません。そのため、CLIL の教材作成に慣れないうちは、すでにある教科書をベースに CLIL の考えかたに基づいた教材を追加で作ることもできます。しかし、慣れてくれば CLIL の教材作成はけっして難しいものではありません。ここでは、教師が独自に教材を作成する場合を想定して、教材のもととなる言語素材の選びかたや、集めた言語素材をどのように CLIL の授業に適したものにするのかについて、例を挙げながら見ていきましょう。

　まず、授業で扱うトピックやテーマに関連する言語素材を集めます。第 1 章でも述べましたが、CLIL では、教材の真正性 (authenticity) を重視しており、実際に母語話者のために作られたものを用いることが推奨されています（第 1 章 p.37 参照）。それは、このような素材が言語的にも内容的にも、文化的にも情報の宝庫であるためです。また、目標言語の学習が学習者にとってよりリア

---

[6] 2018 年 1 月時点。

ルなものとなることで、知的好奇心や動機づけを高めることにもつながります。

　以下の表2は、CLILの教材作成における言語素材の例です。言語素材の種類としては、文字情報に加えて音声情報や視覚情報などを用いることで、多様な角度から学習者の理解を促進します。また、図版や統計資料を積極的に用いるのは、数字や図表から情報を読みとって分析したり、評価したりすることが高次思考力を育てることに役立つためです[7]。

表2　CLILの教材作成における言語素材の例[8]

文字情報	小説、専門書、新聞、雑誌、インターネット情報
音声情報	テレビ番組、映画、歌、講義、インターネット動画
視覚情報	地図、写真、イラスト、漫画
数字情報	統計資料、図表

　例えば、次のページの〔言語素材1〕と〔言語素材2〕を見てください。本書の著者たちは、貧困問題を「Content（内容）」としたCLIL授業の教育実践に取り組んでいるのですが[9]、〔言語素材1〕と〔言語素材2〕はそのコースのなかで用いたものです。両方とも日本人向けに書かれた本の一部で、途上国で貧困が引き起こされるメカニズムについて説明しています。

　もし、皆さんがこれらの言語素材をCLILの授業で使うとしたら、どのような活動や授業の流れを考えるでしょうか。また、学習者の理解を促進するために、どのようなスキャフォールディングを考え、教材として使用するでしょうか。

7　笹島 (2011, p.121-124)、渡部他 (2011, pp.19-29)、和泉 (2016, p.75)

8　使用にあたり、著作権者の許諾が必要な場合があります。著作権法に則り、使用します。

9　奥野他 (2015)

［言語素材 1］[10]

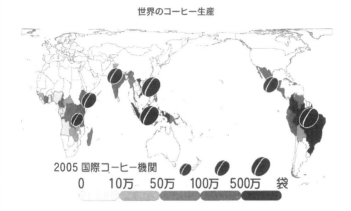

世界のコーヒー生産

2005 国際コーヒー機関
0　10万　50万　100万　500万　袋

データ：国際コーヒー機関 2005

Section 2-1　8人に1人が飢えている！　なのに食べものは余っている？

■モノカルチャー経済が貧困を生んだ

　食料不足は干ばつなどさまざまな原因で起きるが、根本的な問題は「自分たちで食べものを作れず、買うお金もない」人たちがたくさんいること。その背景には途上国の貧困を生み出す「モノカルチャー経済」というしくみがある。

　たとえばアフリカの国々では、昔は飢えている人がほとんどいなかった。自分たちの村で食べる分くらいの農作物は作ることができたのだ。しかし、これらの地域はヨーロッパ諸国の植民地にされ（32ページ参照）、自給作物のかわりにコーヒーやカカオなど輸出用作物を大量に栽培させられたり、鉱物資源を生産させられたりした。これがモノカルチャー経済だ。独立後も途上国はさらにモノカルチャー経済に頼るようになった。人々は自分たちの食べものをつくるのではなく、コーヒーなどをつくって先進国に輸出し、その収入で輸入食料品を買うようになっていった。

　たとえばコーヒーの生産国を見ると、かつて植民地だった熱帯の途上国がほとんどだ（上図）。コーヒーなど輸出農産物や鉱物資源の値段は安いため、これらの国はいつまでたっても豊かになれなかった。そして農村で生活に困った人たちは、しかたなく都会に出てスラムに住み着いたりすることになった。

コーヒー豆の収穫

026-027　社会（人間界）はこうなっている

10　NHK「地球データマップ」制作班編 (2008, p.27)

52

［言語素材 2］[11]

チキユの人びと　その1

ポレポレ村が貧しくなったわけ

ある日、自給自足のポレポレ村に先進国の人がやってきた。
先進国「ヤムイモなんかより、農場を大きくして、このコーヒー豆を作りなさい。それを輸出すれば"お金"が手に入るから、それでテレビや車を買って、便利な暮らしをするんだ」

村の有力者はまわりの小さな農地を買い取ってコーヒー豆の大農場をつくり、ほかの村人を雇って働いてもらうことにした。

コーヒー豆は、最初のうちはもうかった。
しかし、やがて世界中でコーヒー豆を作るようになり、価格が大暴落。

先進国「コーヒー豆の値段、今年から4分の1ね」
農場主「えー、弱ったなあ……」
……そして、割を食うのは弱い立場の者。
農場主「ねえ君、悪いけど明日から来なくていいや」
村人「……」

村人は自分の食べものを作る土地も手放していたから、都会のスラムに行くしかなかった。
豊かだったポレポレ村の人たちの多くが、こうして食べるものにも事欠くようになった。

（図中）コーヒー相場　高・中・安

11　NHK「地球データマップ」制作班編（2008, p.28）

53

CLIL の授業では、母語話者向けの素材が多く用いられると述べましたが、このような素材は学習者の興味を高める効果がある反面、言語の難易度が高すぎると逆にやる気をそぐことにつながりかねません。そこで、教師は集めた言語素材を分析して学習を手助けするためのスキャフォールディングを準備します。

CLIL において教師が行うスキャフォールディングには、①授業中にその場で行うもの、②前もって準備しておくもの、の2種類があるといわれています[12]。①の授業中に行うスキャフォールディングには、学習者の質問に答える、学習者が授業内容を理解できないときに追加の説明をするなど、その場、その場での教師の即興的な手助けが含まれます。①のタイプのスキャフォールディングについて、詳しくは第3章、第4章を参照してください。ここでは②の事前に計画しておくタイプのスキャフォールディングを中心に説明します。

教師は、教材やタスクの計画・作成をする段階で、学習者の理解を助けるためのスキャフォールディングをあらかじめ考えておきます。スキャフォールディングは言語と内容の両面に関して準備しますが、例えば、言語面では、テキストの文を短くする、簡略化する、テキストのなかの重要な語彙や表現、文法を目立たせる、単語や文法の説明を加える、単語リストを追加するなどがあります。また、内容面では、テーマに関する背景知識を持ってもらうために情報を追加する、理解を助ける図表やイラスト、写真を使う、学習者の既有知識・経験を活性化させるための質問を追加するなどの方法があります[13]。

ここでは、〔言語素材1〕と〔言語素材2〕を使った教材作成の例について紹介します。この授業では、貧困の現状や貧困が起こるメカニズムを知るために、モノカルチャー経済という現象を取り上げました。授業に含まれる4C は表3のようなものでした。

12　Dale et al. (2010, pp.76-77)

13　Mehisto et al. (2008, pp.227-228)、Bentley (2010, pp.50-54)、渡部他 (2011, pp.23-24)、Ball et al. (2015, pp.173-208)

表3 「貧困の現状・貧困が起こるメカニズムを知る」授業の4C

Content (内容)	・貧困の要因となるモノカルチャー経済を知る
Communication (言語知識・言語使用)	・貧困のメカニズムに関する言葉を知る ・貧困のメカニズムを説明する
Cognition (思考)	・世界の貧困問題と自分の生活との関わりを認識する ・貧困が起こる原因や背景を考える
Community/Culture (協学・異文化理解)	・ペアやグループで話し合う ・貧困という世界共通の課題について考える

　教材作成においては、授業の流れにそって、これら4Cを活性化させるためのスキャフォールディングを考えていきます。どのようなスキャフォールディングを準備するかは、テーマに関して学習者がすでに持っている知識や日本語レベルによっても違います[14]。次のページでは、「貧困」というテーマにあまり詳しくない、中級レベルの日本語学習者を想定した授業例を紹介します。

---

[14] 素材の言語レベルが学習者に適しているか知るうえでは、「日本語テキスト語彙・漢字分析器 J-LEX」<http://www17408ui.sakura.ne.jp/> や「jReadability 日本語文章難易度判別システム」<https://jreadability.net/ja/terms_of_use> (2018年5月2日最終閲覧) などのウェブサイトを活用することもできます。これらのサイトでは、言語素材の中の語彙や文章の難易度を知ることができます。

表4 「貧困の現状・貧困が起こるメカニズムを知る」授業の流れ

目的	活動	教材
背景知識を活性化する	【話し合い】 ・チョコレートやコーヒーの原料、生産国等を全体で話し合い、地図で生産国の場所を確認する	・世界地図
貧困の現状と貧困を引き起こす要因について知る	【読解】 ・語の読みかたや意味を全体で確認する ・[言語素材1]を読んで内容理解の質問に答える。読み取った内容を全体で確認する	・[言語素材1]をもとに作成した読解ワークシート
	【聴解・話し合い】 ・カカオ農園で働く人々の生活や労働に関する映像を視聴して、内容理解の質問に答える。聞き取った内容を全体で確認する ・考えたこと、感じたことをグループで話す。全体で共有する	・ドキュメンタリー映像 ・聴解ワークシート
貧困が起こるメカニズムについて自分のことばで説明する	【話し合い】 ・[言語素材2]の漫画を見ながら、ペアで話し合い、ストーリーを考える 【作文・発表】 ・考えたストーリーを各自で文章にする。発表する	・[言語素材2]をもとに作成した作文ワークシート

授業では最初に、学習者の背景知識や経験を活性化し、彼らの日常生活と授業テーマとの橋渡しをするための活動を行いました。具体的には、「コーヒーやチョコレートが好きですか。チョコレートは何から作りますか。どこの国で生産されていますか」などの質問を教師からクラス全体に投げかけたあと、世界地図を使って生産国の場所を確認しました（「内容」「異文化理解」に関するスキャフォールディング）。ここでは、さらに「コーヒー豆の栽培はどの地域が多いですか。なぜその地域で栽培されるようになったと思いますか」などの質問を準備しておき、学習者の考えを深めるきっかけとしました（「思考」に関するスキャフォールディング）。

　次に、〔言語素材1〕から作成した読解ワークシートを使って、途上国において貧困が引き起こされるメカニズムを学びました。〔言語素材1〕をもとに、読解ワークシートを作成した際には、本文の漢字に読み仮名をふる、重要語のリストを作成する、内容理解を確認するための質問を追加するといったことを行いました。ここでは特にモノカルチャー経済という鍵となる概念を中心に、「途上国、先進国、植民地、輸出、輸入、栽培」などの内容理解に必須となる語の理解を促しました（「言語知識・言語使用」に関するスキャフォールディング）。

　また、〔言語素材1〕の読み物だけではアフリカの農園で働く人々の生活や労働環境をイメージしにくいため、日本語字幕がついた短いドキュメンタリー映像も教材として追加しました。文字情報に加えて視聴覚の面からも内容理解を助けたうえで、感じたことや考えたことをグループで話し合いました（「内容」「協学・異文化理解」に関するスキャフォールディング）。

　次に〔言語素材2〕の漫画を使って貧困が生まれる仕組みについて、学習者自身が説明するという活動をしました。〔言語素材2〕は、途上国で貧困が引き起こされる流れを表した5コマ漫画です。もともとは、漫画の横にストーリーと台詞がついていますが、その部分を消して学習者に見せ、漫画だけを見なが

らペアでストーリーを考えてもらいました（「協学」に関するスキャフォールディング）。また、ここでは、考えを深めるためのヒントとして「村の農作物や農業の方法はどのように変わりましたか。村人の生活はどのように変わったと思いますか」「コーヒー豆の値段が下がったのは、なぜですか。コーヒー豆の値段が下がったとき、先進国の人はどのようなことをしたと思いますか」などの質問を準備しておき、教材に追加したり、口頭で学習者に質問したりしました（「思考」に関するスキャフォールディング）。

　最後にまとめとして、作ったストーリーを作文にして発表してもらいました。作文を書く前に、他の学習者との話し合いの際の気づきや読解・聴解教材から学んだ語、表現を学習者に挙げてもらい、教師が板書して復習も兼ねたキーワードとして提示しました（「言語知識・言語使用」に関するスキャフォールディング）。次のページの作文は、実際に学習者が提出したものです。

3. 説明してみよう

下のマンガを見て、「ポレポレ村」で起こった出来事についてのストーリーを考えてください。グループやクラスで説明してください。

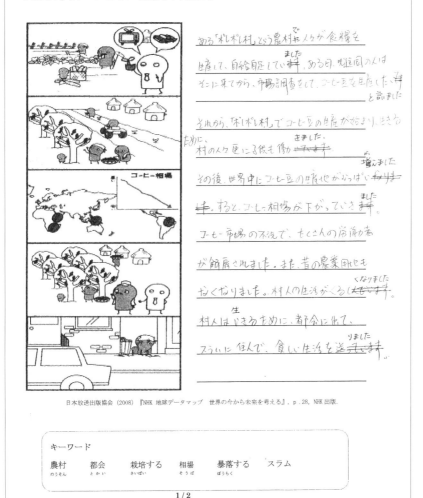

ある「ポレポレ村」という農村で人々が食糧を生産して、自給自足していました。ある日、先進国の人はそこに来てから、市場調査をして、コーヒー豆を生産したらと言いました

それから、ポレポレ村でコーヒー豆の栽培がはじまり、そのために、村の人々と子供も働きました。増えました

その後、世界中にコーヒー豆の栽培地がいっぱいあります。すると、コーヒー相場が下がっていきました

コーヒー市場の不況で、たくさんの労働者が解雇されました。また、昔の農業用地もなくなりました。村人の生活がくるしくなりました。

村人は生きるために、都会に出て、スラムに住んで、貧しい生活を送りました

日本放送出版協会 (2008)『NHK 地球データマップ 世界の今から未来を考える』, p.28, NHK出版.

キーワード

農村　都会　栽培する　相場　暴落する　スラム
のうそん　とかい　さいばい　そうば　ぼうらく

1/2

(5コマ漫画は、NHK「地球データマップ」制作班編 (2008, p.28) による)

CLILでは、4Cのうち特に「Cognition (思考)」を高めるためのスキャフォールディングを準備しておくことが大切です。そのために、教師からの一方的な講義や指導ではなく、教師と学習者、または学習者どうしの対話を中心とします[15]。

　教材を作成するうえでも、学習者が新たな視点に気づいたり、他の学習者との意見交換を活発にしたりするためのスキャフォールディングを考えていきます。例えば、教材に学習者への質問を入れるのであれば正解がある質問だけではなく、正解のない質問や学習者が自由に答えられる質問を追加することもできます。p.52の〔言語素材1〕を使って、読解ワークシートを作成する場合を例にとって考えてみると、「今、アフリカの人たちは、どのようなものを作っていますか。どうして、それを作っていますか」などの質問は、教材の中から正解を見つけることができるものです。しかし、これだけでは話に広がりがありませんし、考えを深めるためにも十分ではない可能性があります。

　一方、そもそも貧困とはどのような状態を指すと思うかを聞いて説明させる、表4 (p.56)の授業で取り上げた「モノカルチャー経済」以外に貧困の背景や原因に何があるか調べて発表させる、などの質問や課題を追加するならば、学習者が自由に考えを話すので、クラスメイトの話を聞いてさらに質問を重ねたり、ディスカッションにつなげたりすることもできます。

　もちろん、教師がいくら学習者に深く考えてほしいと思って教材に工夫を凝らしたつもりでも、学習者から思うような反応がない場合もあるでしょう。しかし、その場合でも教師が自分の知識や考えを披露したり押し付けたりするのではなく、対話やヒントの提示などを通して、学習者が自分で気づきを得られるようサポートしていくことが大切です。

高次思考力を使うような教材やタスク、質問を準備するのがポイントなんだね

---

15 Llinares et al. (2012, pp.63-72)

コラム / column

CLIL 前と CLIL 後

第2章では、CLIL 授業における 4C の重要性について述べてきました。しかし、肝心の学習者は CLIL の 4C についてどのように感じているのでしょうか。本書の著者たちは、貧困問題をテーマとした CLIL の授業実践に取り組んでいますが、コースが始まったばかりの頃、授業テーマを聞いた学習者たちは、興味を持つというよりも戸惑い顔だったように思います。というのは、彼らは貧困という社会問題と現在の自分の生活にかなりの距離を感じており、このテーマにどのように向き合えばいいのか、自分たちに何かできることがあるのかと困惑していたからです。しかし、コース終了後に学習者に行ったインタビューや提出してもらったレポートからは、4C に関連して以下のような声が聞かれました。

「この授業で学んだ内容自体があまり実際には考えたことない内容でしたね。世界の貧しい人たちの生活とか。そういうことに触れる機会になったのは、本当にいいと思いますし、また自分がわからないことについて勉強して発表したんだから、そのおかげでもっと。それがきっかけになって、もっと（日本語の）*練習ができたっていうか、自分の勉強になったというか。たぶん知っている内容だったら、そこまで詳しく探したりとかしなかったと思うんです」（内容、言語知識・言語使用）

「前は本読むことはあんまり好きじゃないです。今学期、何冊の本を読んで初めてそのような（貧しい）世界もあるのだとわかった。大学時代にそのような本全然読んだことない、本当に損だと思う。そんなに素晴らしい本なのに」（内容、異文化理解）

「この間、授業の中で、（貧困を軽減するための）支援活動をしている日本人学生と交流した。卒業してから何をするつもりかと質問するときに、彼は日本の貧しい人を助けることをしたいと話した。その話を聞いて○○○（学習者の出身地）のことを思い出した。都市は都市だけど、農村できれいな水が飲めない人もいるし、学校に行けない子どももいる。私は遠くまで行くのは無理かもしれないけど、近くの人を助けてあげたいと思う」（思考、協学・異文化理解）

「私、今、政治について、とても関心を持っています。これについて勉強したい。政治、歴史に関する政治とか、そしてなぜ今、世界、こんな状況になったのかについて。そしてた

---

* （　）内は筆者追記。

ぶん、できればこの貧しい人たちの生活は政治が手段を通じて、何かできるか、ちょっとやってみたいです」(思考)

　このような声からは、学習者が授業や他者との対話を通して、これまで知らなかった世界の現実を知り(内容、協学・異文化理解)、自分の視野を広げるためのことばの力の重要性(言語知識・言語使用)、さらには今の自分に不足している知識や将来にも思いを馳せていることがうかがえます(思考)**。

　CLILは、第二言語学習に対する動機づけを高めるといわれますが***、それは「内容」と「言語」の有機的なつながりによってもたらされるものだといえるでしょう。もちろん、私たちのCLILの教育実践にしても改善すべき点は数多くあるのですが、CLILの4Cの枠組みを意識することで、「内容」と「言語」の統合についてぐっと理解しやすくなったと感じています。学習者の動機づけを高めるCLILの教育実践、皆さんもいっしょに模索してみませんか?

＊＊　pp.136-138でも、学習者の振り返りコメントを紹介しています。

＊＊＊　Coyle et al. (2010, pp.88-90)

第 3 章

CLIL の授業をしてみよう

どんな授業ができるか考えてみよう

手持ちの教材を見て、どんな授業がしてみたいか考えてみよう

　第2章ではCLILのコース設計、授業の準備、実際の教材や授業例について取り上げました。この章では、実際にどのように授業を行うかについて、授業中に行う活動(アクティビティ)を中心に紹介していきます。CLILの授業といっても、日本語教育でこれまでに提案されてきた方法と異なる方法で行うわけではありません。授業を計画する段階で、CLILの4C(内容・言語・思考・協学)を意識しながら学習目標をたてて、活動を考えます。授業にCLILを取り入れることは、日々の授業を変化させるきっかけにもなるでしょう。

4Cに沿って学習目標を考えよう

表1は授業の学習目標を4Cに分けて整理したものです。中級前半の学習者を対象として、「リサイクル」をトピックとする授業（2時間分）を行うことを想定しています。4Cに沿って目標を考えることがCLILの授業を始める第一歩です。

表1　「リサイクル」についての授業の学習目標（例）

CLILの概念	学習目標
Content （内容）	・日本のリサイクルについて知っていることを思い出す ・リサイクルのタイプを区別して、その特徴を説明できる
Communication （言語知識・言語使用）	[言語知識]　新しい言葉：リユース・エコ・消費・資源・廃棄物・循環型・持続可能 　　　　　　文型/機能：比較表現 [言語スキル]・論理的に説明する 　　　　　　・リサイクルに関する言葉を使って意見を書く
Cognition （思考）	・リサイクルできる素材を分類する（LOTS） ・方法の特徴を比較する（LOTS） ・地域によってリサイクル方法が異なる理由を考える（HOTS）
Community /Culture （協学・異文化理解）	・グループのメンバーと協力しながら学習する ・他の学習者の意見を聞く ・住んでいる町の仕組みや問題を考える

CLILでは、内容の学習を通して、知識、言語能力、思考能力をともに伸ばすことをめざします。内容面の目標「リサイクルのタイプを区別して、その特徴を説明できる」に向けて、言語面の目標「論理的に説明する」「比較表現を身につける」「リサイクルに関する言葉を使って意見を書く」が必要となります。これらの目標にかかわる思考プロセスを考えたとき、思考面でも「リサイクルできる素材を分類する」「方法の特徴や問題を比較する」という目標が必要となります。このように、4Cを関連させながら学習を構成します。

　内容と言語の比重は日本語学習者のレベルやコースの目標によって変わります。例えば、中級前半の学習者では言語面の扱いが比較的多く、上級になるにつれて内容の学習を中心に置いてそれに合わせて言語能力も高めるという授業活動が無理なくできるようになります（ソフトCLIL、ハードCLIL）（第1章p.24、第2章pp.42-43参照）。

授業プランをたてよう

図1は1回分の授業の基本的な流れです。「ウォームアップ」「背景知識の活性化」「内容の学習」「まとめ」の順で授業を構成します。「まとめ」と合わせて、内容や学習スキルについて「振り返り」をするのもいいでしょう。ここでは、「リサイクル」についての授業を例に紹介します(「内容の学習」は、授業数回分にわたることもあります)。

図1　1回分の CLIL 授業の流れ

ウォームアップ

「ウォームアップ」は、内容に対する興味・関心を喚起し、動機づけを高めるのがねらいです。真正性の高い素材、文字だけでなくイラストや図表、映像などのさまざまなメディアを利用するといいでしょう(第1章 p.37 参照)。

例えば、動画を用いた場合、次のような流れで行います。

① 「リサイクル」についての短い動画を見る

② 動画について覚えていることをシートに3つ書く

③ シートを他の学習者に見せて説明し、内容や日本語についてのコメントをもらう。教室を歩き回って見せ合ってもよい

④ 教師は言語面(語彙や表現)についてフィードバックする

背景知識の活性化

　続く「背景知識の活性化」では、学習者が知っていることを言語化して他の学習者と共有します。これから学ぶ「内容」について学習者にどの程度知識があるのかを、教師も学習者自身も把握することができます。

【活動例】

・グループに分かれてリサイクルについて知っていることを書き出す

・リサイクルに関係のある語を挙げる

・リサイクルについて知っていることを話し合う

・教師からの質問に答える

・テーマについて作文を書く

内容の学習

　内容と言語の両面において、豊かなインプットを与えることが重要です。課題文を読んだり、映像教材を見たりするインプットと、話し合いや発表などのアウトプットの活動を組み合わせます。

　CLILでは、どの段階でもペアやグループでの活動を積極的に行います。ペアやグループでの活動は、コミュニケーションの機会を増やし、CLILのめざす「ことばを使うことで、ことばを学ぶ」につながります。

まとめ・振り返り

【まとめ】

　活動の終わりに、何を学んだかをまとめて共有する機会をもつことで、学習者の内容学習を深めます。次の授業が始まるときにも、それまでに学習した内容をまとめて共有するといいでしょう。

【振り返り】

　振り返りには、学習成果の振り返りと学習方法の振り返りがあります。

① 学習成果を振り返る

　活動が終わった時点で、活動を通して何ができたか、何を学んだか問いかけます。学習者から出てきた項目を使って、クラス全体にも問いかけるといいでしょう。目標が達成できなかったことのうち、継続して取り組むものは板書するなどして共有します。

② 学習方法を振り返る

　初めて行う活動や学習方法があれば、「その方法の効果的なところ」「好きか嫌いか」「またやってみたいか」「次はどうしたらうまくいくか」などについて話します。

内容面のポイント

学習への動機づけを高めるには、なによりもトピックに興味を持たせることが大切です。興味・関心を高める導入をするには、心を揺さぶるような読み物や映像素材を用いたり、ストーリー性のある話を伝えたり、教師自身の経験や思いを話したりするのが効果的です。また、テーマとつながる情報を関連づけて提示していくことで、知識や興味を広げていくことになります。「よい授業のためのチェックリスト[1]」を参考に、内容を中心にした授業をイメージしてみてください。

---

[1] Davis (1993, pp.142-143) を参考に作成。

［よい授業のためのチェックリスト］

- ☐ 重要な点を強調するように授業を組み立てる
- ☐ 学習者の興味・関心を高める導入をする
- ☐ トピックの主要なポイントを簡潔に示す
- ☐ トピックの背景や文脈をわかりやすく手短に述べる
- ☐ 内容の説明は3つまで（重要なものはいちばん初めに）
- ☐ 中心的な概念を定着させるようポイントをまとめる
- ☐ 記憶に残るようにする
  （シンプルに、具体的に、教師の気持ちを込めて話す。インパクトや驚きのある導入をする。語りで伝える）
- ☐ 次に何を話すか、方向性を示す言葉（例「2つ目に」）を使う
- ☐ 10〜15分おきに授業の進めかたを変化させる
- ☐ 質問の時間を設ける
- ☐ 授業の始めと終わりに内容を要約する

集中力を維持するには、活動を10〜15分のブロックに分けて構成する

教師自身の考え・気持ち・体験なども合わせて語ろう。教師も学びのコミュニティの一員になろう

Point

教材を見てみよう！

言語学習の教科書では、言語面のつながりは考慮されているのに、トピック間の関連性が薄く、トピックが課ごとに次々変わってしまうことも少なくありません。1つのテーマのもとで関連するトピックを扱った教材を取り入れて、内容と内容の関係を関連づけてみましょう。学習者の内容理解や思考が深化しますよ。

言語面のポイント

言語の面では、「language of learning（言語知識の学習）」「language for learning（言語スキルの学習）」「language through learning（学習を通した言語使用）」の3つの側面を活動に取り入れていくことがポイントです（第1章 pp.10-11、第2章 p.47 参照）。授業中は次の点に留意します。

1. 言語のための練習ではなく、言語使用の中で学ぶ

コミュニケーション活動のなかで教師が適切な表現をモデルとして示したり、学習者の発話を正しく言い直したりすること（リキャスト）で言語学習をサポートします。

2. 言語面の気づきを増やす

それぞれの活動の終わりに、学習者の発話の誤りや適切な表現について教師がコメントをする機会を設け、言語面の気づきを増やすようにします。

3. くり返す

「ウォームアップ→背景知識の活性化→内容の学習」と段階ごとに活動を行うことで、トピックに特有の語や表現をくり返し使うことになります。このくり返しも言語能力を高めます。

思考面のポイント

低次思考力と高次思考力、どちらも大切だよ！

　CLIL では、思考力を低次思考力 (LOTS) と高次思考力 (HOTS) に分けて考えます (第 1 章 p.12 参照)。低次思考力の面では、情報を覚える、情報を順序だてる、目標を決める、理解度を確認する、そして学んだことを復習する活動を行います。高次思考力の面では、何が起こり得るか仮説を立てる力、論理的思考力、創造的思考、探求能力・考察力を用いたり、自分や他者の作業を評価したりする活動を行います。

　次のページの表 2 と表 3 に思考力別にクラス活動の例をまとめました。活動では高次思考力と低次思考力の両者を取り入れるよう意識してみましょう。例えば、1 枚の観光地の写真とそれについて紹介した文章を素材とした授業を考えてみましょう。「この観光地には年間どのくらいの観光客が訪れますか」や「この観光地は他の観光地と比べてどのようなところが魅力的ですか」などは、理解力や比較する力を使う LOTS についての活動となります。発展的な活動として、「この観光地はどうして魅力的な観光地になったのでしょうか」「この観光地をもっと魅力的にするにはどのようにしたらいいでしょうか」などについて考えることは、論理的思考や探求力などの HOTS を用いた活動となります。

表2 低次思考力 (LOTS) とクラス活動[2]

低次思考力	クラス活動
覚える （知っていることについて考える）	思い出す、暗唱する、認識する、関連づける、字を書く、説明する
識別する （ものの間の関連性を示す）	識別する、分類する、リスト化する、探し出す、マッチさせる、名前をつける
整理する （ものを特定の場所に置く）	順序づける、整理する、並べる
順序だてる （大きさ順、重要度順、成功順などに並べる）	順位づける、置く、配置する
定義づける （人や物が何であるか述べる）	定義づける、説明する、まとめる、示す、翻訳する
比較する、対比する （類似点や相違点を探す）	比較する、対比する、見分ける、類似点と相違点を調べる
分ける （小さなグループに分ける）	分ける、離す、共有する
分類する （特徴によってグループ分けする）	分類する、カテゴリー化する、どのグループか決める、グループ化する

表3 高次思考力 (HOTS) とクラス活動[2]

高次思考力	クラス活動
予測する （何が起こると思うか述べる）	予測する、考える、当てる
仮定する （何が起こるかまたは起こり得たかを指摘する）	提案する、決断する、想像する、仮定する
論理的思考 （どうしてか、何が原因や結果となるかを考える）	選択する、結論づける、決断する、説明する、正当化する、推奨する、解決する
創造的思考・統合 （すでに持っている知識から想像力のあるアイディアや考えを生み出す）	想像する、作る、変える、構成する、作成する、描写する、デザインする、発明する、作り上げる、計画する、生み出す
評価する （何かがよいか、役立つか、効果的かどうか述べる）	評価する、コメントする、意見を述べる、判定する、評価をつける

---

2 Bentley (2010, pp.20-21) を参考に作成。

協学面のポイント

よりよい学びには、気兼ねなく批判的に考えることができる環境、ことばを試そうとできる環境、学習者が自分は大切にされていると感じていること、学びをチャレンジングで価値あるものと捉えていることが必要です[3]。

では、CLILに必要な協力的で支持的な教室の雰囲気はどのようにつくりだせばよいのでしょうか。授業中に学生間で支援しあう活動を行ったり、学習プロセスを共有するような活動を行ったりすることが、学習者間の良好な関係の構築につながります。

また、学習者に活動の順序や内容を選ばせる、リーダーシップをとらせるなど、学習者に自らの学習を決める権限を持たせることも、より積極的に学習に向き合うきっかけになるでしょう。

---

[3] Mehisto et al. (2008, pp.172-178)

コラム
column

学習スキル

　日本語能力が伸びる学習者は、自分ができない部分やわからない部分をきちんと把握し、それを解決できる方法を知っている学習者ではないでしょうか。この「学ぶ力を身につける」ことは、学習場面においてだけでなく、生きていくうえでも重要です。「学ぶ力」としては、自分の学びを計画し、実行し、評価する「メタ認知」や、学びのツールである「学習スキル」が挙げられます。学びかたを知ることで、学びが学習者自身のものになるのです。

　「学ぶ力」を身につけるには、学習スキルを学習項目の1つとして授業に取り入れ、教師のサポートや学習者の学びあいを通して体験することが効果的といわれています。

学習スキルの例*

〔他の学習者と協力する〕

〔情報を得る〕
・ノートをとる
・スキャニングする
・スキミングする
・知識を獲得する

〔書く〕
・下書きをする
・推敲する
・要約する

〔応用する〕
・情報をまとめる
・情報を解釈する
・知識を活用する
・問題を解決する
・情報を異なる状況に応用する

〔調べる・まとめる〕
・計画をたてる
・調べ物をする
・データを扱う
・結果を記録する
・状況から推測する
・作業を振り返る

＊ Bentley (2010, pp.26-27) を参考に作成。

CLIL 授業での活動例

CLIL の授業をやってみよう！

授業で使える活動例①〜⑨を紹介します。

活動例では、「所要時間」「日本語レベル」「活用場面」「思考」「言語スキル」を冒頭にまとめて示しています。「活用場面」は、1回分の CLIL 授業の流れ (p.67, 図1) に従い、「ウォームアップ」「背景知識の活性化」「内容の学習」「まとめ・振り返り」のどの場面で主に使えるかを示します。「思考」では、低次思考力 (LOTS) に (L) を、高次思考力 (HOTS) に (H) を記しています。

例

所要時間	■ 1つが15分を示します（■■×15分=30分）
日本語レベル	中級前半〜上級
活用場面	ウォームアップ
思考	覚える (L)、予測する (H)
言語スキル	リスニング、要点をまとめる

それぞれの活動中でも、ウォームアップ、フィードバック、まとめを行うとより効果的だよ

【活動例①】相互ディクテーション

所要時間	⏰ ■■□□□
日本語レベル	初中級〜上級
活用場面	ウォームアップ
思考	覚える (L)
言語スキル	語彙、リスニング、ライティング

　初中級〜中級前半の学習者を対象とした場合、情報を得るために文章を読む作業に苦手意識を持つ学習者も多いです。この活動では、ペアで交互に文章を読み上げて互いに書き取ることで、4技能統合型の活動を行うことができます。

【目的】
① 学習するトピックについての情報を得る。
② 発音に気をつけて正確に読む力、他の学習者の話を注意深く聞く力、細かい部分まで正確に書き取る力を養成する。
③ 学習者間で援助しあう体験をする。

新学期のように学習者どうしがなじみのない時期にこの活動をしてみて！

【教材】
　学習トピックについての短い文章を用意します。1文ごとにテキストを消し、消した部分に下線を引いたシートを、AとBの2種類用意します（AとBは消した部分が異なる）。

【方法】

① 学習者をペアにして、1人ずつシートAかシートBを渡します。

[シートA]

A：日本では、1年でどのくらい人口(じんこう)がふえたりへったりするのでしょうか。

B：_____
_____
_____
_____

A：今年なくなる人は140万5000人くらいです。

B：_____
_____
_____
_____

A：日本の人口は11年連続(れんぞく)でへることになります。

[シートB]

A：_____
_____

B：今年生まれる赤ちゃんは99万1000人になりそうで、1899年に計算(けいさん)を始めてから、いちばん少なくなります。

A：_____
_____

B：生まれる赤ちゃんが少なくてなくなる人が多いので、日本の人口は40万人以上へりそうです。

A：_____
_____

② 各自シートを黙読し、内容を理解します。

わからない部分があれば、同じシートを持っている学習者どうしで質問しあってもいいでしょう。

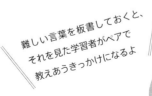
難しい言葉を板書しておくと、それを見た学習者がペアで教えあうきっかけになるよ

③シートAを持っている学習者が1文目を読み、シートBを持っている学習者はそれを聞いて自分のシートに記入します。次に、シートBの学習者が2文目を読み、シートAの学習者が聞き取り記入します。このように、1文ごとに役割を交代し、それぞれのシートの文章を完成させます。

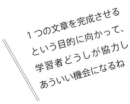
1つの文章を完成させるという目的に向かって、学習者どうしが協力しあういい機会になるね

④ディクテーションが終わったら、記入したシートの文章をペアで確認しあいます。

⑤[フィードバック] 教師はキーワードや新しい言葉、確認したい文型を取り上げ、クラス全体にフィードバックします。

【活動例②】 ジグソーリーディング

所要時間	🕐 ■■□□□
日本語レベル	初中級〜上級
活用場面	ウォームアップ、背景知識の活性化、内容の学習
思考	覚える (L)、識別する (L)、比較する (L)
言語スキル	リーディング、リスニング、ライティング

ジグソーリーディング[4]では、個別作業になりがちな読解を他の学習者とコミュニケーションをとりながら、そして助けあいながら行うことができます。思考面では、情報と情報の関係を識別したり比較したりする技能を用います。言語スキルの面では、文章から得た情報を説明する能力、他の学習者の発話を聞いて理解する能力を養います。

【目的】

① 4技能を総合的に用いて情報を理解し伝える能力を高める。

② 断片的な情報をまとめる能力を高める。

③ 他の学習者と協力する経験をする。

【教材】

文章を4、5箇所に分割します。文章を印刷して切り分けたシートを用意します。

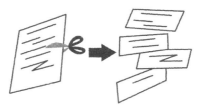

---

[4] ジグソーリーディングにはさまざまなやりかたがあります。

【方法1】（文章の概要を再構成する）

① トピックやキーワードを紹介します。

② 活動の方法を説明します。それから、学習者を5、6人のグループ（分割した文章の数と同じ人数）にして、1人1枚ずつ異なるシートを渡します。記録用の紙も1枚配布します。

③ 学習者は各自シートを黙読し、内容を理解します。

新しい言葉が多いときなど、同じシートを持っている学習者どうしで集まって、内容を確認しあっておくのもいいね

④ 学習者は1人ずつ自分のシートを読み上げます（内容を要約して伝えるようにしてもいいです）。

⑤ 記録用の紙に文章の概要を再構成します。

情報を書き込むシートを用意して記入させてもいいよ

⑥ どのようなことが書かれていたか、クラスで話します。

⑦ ［フィードバック］教師はキーワードや新しい言葉、要約の書きかたなどで気がついたことをクラス全体にフィードバックします。

【方法 2】(文章を並び替える)

①〜④ 【方法 1】と同じです。

＊教材を分割するとき、文章の順序を推測するヒントがそれぞれのシートに
あるか、確認してください。

⑤ 各自のシートを見せ合って、元の文章の順序に並べ替えます。

⑥ 文章の順序や内容についてクラスで話します。

⑦ ［フィードバック］教師はキーワードや新しい言葉、確認したい文型などを
取り上げ、クラス全体にフィードバックします。

| 発　展 | グループごとに同じトピックの異なる内容の文章（例：A グループは日本、B グループは中国、C グループはタイの事例、など）を用いて活動します。
その後、グループ間で文章の内容を紹介する活動につなげることができます。 |

【活動例③】自分の単語帳を作る

所要時間	🕐 ■ □ □ □ □
日本語レベル	初級〜上級
活用場面	すべての場面
思考	覚える (L)、分類する (L)
言語スキル	単語や表現を覚える、語彙学習のストラテジー

【目的】
① 学習トピックに関する言葉を覚える。
② 学習者が自分で語彙リストを作ることで、語彙学習のストラテジーを身につける。

【教材】

初中級の学習者には読みかたや例文を書くようガイドがある単語帳シート〔教材1〕を、単語帳作りに慣れてきた学習者や言語レベルの高い学習者には、ノート形式の単語帳〔教材2〕を使用します。

〔教材1〕

〔教材2〕

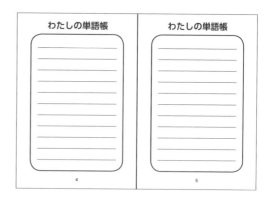

【方法1】

① 単語帳を渡しておき、学習者が新しい言葉に出会ったときに随時書き留めるよう促します。

② 教師は学習や活動の区切りがいいところで、書き留めた言葉を振り返るよう促したり、クラスで共有したりします。

オーダーメイドの単語帳があると、復習に使えるし、語彙力の伸びを実感できるね

【方法2】

① 授業の終わりにその日の授業を振り返り、覚えておきたい言葉を学習者に各自10個程度選んでもらいます。

> **バリエーション** グループやペアで言葉を選ぶのも効果的です。

② 各学習者の選んだ言葉をグループやクラスでシェアします。

> **バリエーション** A4～A3サイズの紙にサインペンで書いて、教室の壁に貼ります。カラフルにしたり、イラストを加えるのも動機づけアップに効果的です。

【方法3】（発表の言葉など、表現を覚えてほしいとき）

① 覚えておきたい表現（例「ご質問のある方はお願いします」）を選んで書き留めるよう促します。

② 授業の終わりに、大切だと思う表現を選び、表現をクラスで共有します。

【活動例④】ゲストスピーカーを招く

所要時間	⏰ ■■■□□
日本語レベル	中級〜上級
活用場面	ウォームアップ、内容の学習、教室外とつながる
思考	識別する (L)、定義する (L)、(方法2で) 予測する (H)、論理的思考 (H)、創造的思考 (H)、評価する (H) など
言語スキル	リスニング、質問する、(方法2で) ライティング

【目的】

① 生の情報を得ることで、これから内容の学習をするための動機づけを高める。

② 教室外のリソースとつながる。

【方法1】

① ゲストスピーカーを授業に招き、話をしてもらいます。ゲストスピーカーは、学習トピックを専門とする教員のほか、現状を知る当事者や活動家、学習者とは立場の異なる人 (留学生クラスでは日本人、日本人クラスでは留学生など) がいいでしょう。

話題提供者としてだけでなく、話し合いに参加してもらったり、学習者の発表や学習成果にコメントをしてもらうと客観性が増すよ！

② 学習者が質問をします。

バリエーション	質問に慣れていない場合、グループで質問を考えてからゲストスピーカーに質問をします。

【方法2】

① ゲストスピーカーを授業に招き、話をしてもらい、質疑応答をします。

② 話を聞いたあと、作文を書きます。
　テーマは高次思考力を使って考えるものを選びます。

　例　「〜はこれからどうなると思いますか」(予測する)
　　　　「何が原因で〜なったと思いますか」(論理的思考)
　　　　「〜にはどのような方法があるでしょうか」(創造的思考・統合)
　　　　「〜には何が効果的だと思いますか」(評価する)

③ ゲストスピーカーに、これから学習するための参考資料や教材を紹介してもらいます。

④ 学習者はグループになり、紹介してもらった教材から、自分たちがこれから学習する課題文や参考資料を選びます。

⑤ (次の授業で)調べた内容を発表します。情報を紹介するだけでなく、すでに書いた作文の内容と関連づけて、今後どうなるか、どうすればいいかについて意見を述べるようにするといいでしょう。

ゲストスピーカーには、ただ「話してください」とお願いするのではなく、授業の目的やゲストスピーカーに期待する役割も打ち合わせると、うまく連携できるね

【活動例⑤】 作文を利用したポスター作成

所要時間	⏰ ■■■■■■■ …… (4 時間)
日本語レベル	**中級〜上級**
活用場面	**内容の学習**
思考	**識別する (L)、整理する (L)、順序立てる (L)、定義づける (L)、比較する (L)、分ける (L)、分類する (L)、論理的思考 (H)、創造的思考・統合 (H)、**
言語スキル	**ライティング、ポスターを作る、話し合う**

　学習者のもつ知識や活動のプロセスを共有する「協学」を促すために、グループで1つのトピックについてポスターを作ります。ポスター作成のように難しい課題の場合、活動をスモール・ステップに分けて実行すると取り組みやすいです。ここでは、次の4つの活動を組み合わせます。

---

1. 作文を書く
2. 作文を分析する ┐ 自分の考えをまとめるための活動

3. ポスター作成 ┐ 概念理解を促すための活動

4. ポスター発表 ┐ 他の学習者と考えを共有する活動

【目的】

① 自分の作文の内容を分析することで、内容面で足りない部分に気づく。

② アイディアを分類・整理してまとめる方法を身につける。

③ ポスター発表を経験する。

【教材】

＜作文を分析する＞

・ 付箋紙 4 色 (付箋紙を貼り付けてポスターにするため 50mm×75mm を使用。
  人数分あるのが望ましいですが、グループに 1 セットでも活動可能です。)

・ サインペン (人数分)

＜ポスター作成＞

・ポスター用紙 (グループに 1 枚)

・マーカー (グループに 1 セット)

【方法】

＜ 1. 作文を書く＞

① 学習トピックについて紹介する。

　読み物を読む、映像教材を見る、グループでトピックに関するキーワードに
ついて話し合うなど、トピックについて具体的なイメージがわく活動がいい
でしょう。

② そのトピックについて作文を書く。

　作文の分量は、600 字〜 800 字程度が望ましいですが、学習者のレベルに
よって調節が可能です。筆者の実践では、「わたしの考える貧困とは」と
いうテーマを設定しました。トピックについて学習者が自分で調べることも
考慮して宿題として書いてくるようにしました。

バリエーション	あるトピックを学習したあとの活動として、作文を書か せてもいいです。

89

＜2. 作文を分析する＞

学習者が自分の作文の内容を分析します。

① ［授業前の準備］分析の観点を教師があらかじめ決めておきます。

学習者が提出した作文を読んだ結果、「貧困の原因」「貧困の現状」「貧困の解決策」「解決策の問題点」について書かれることが多かったので、この4つを分析の観点として設定しました。

教師が分析の観点を決めておくことで、分析しやすくなるんだね

② 分析の観点を学習者に示します。

③ 学習者が自分の作文を読み、分析の観点に当てはまる内容を付箋紙に1つずつ書き出します。

付箋紙は複数の色を用意しておき、内容によって色分けします。

例　ピンク：貧困の原因
　　青：貧困の現状
　　黄色：貧困の解決策
　　緑：解決策の問題点

色分けすることで分類を視覚的に補助するんだね

付箋紙に書き出すコツ

① 学習者が戸惑っている場合は、作文の当てはまる部分に下線を引く作業から始めてもいいでしょう。
② 1枚の付箋紙にはアイディアを1つだけ書くようにすること。単語ではなく短文で書くようにすることで、後から内容がわかりやすくなります。

作文を分析することで、内容や構成を見直すきっかけにもなるよ

< 3. ポスター作成[5] >

① グループで書いた付箋紙を持ち寄って、色 (分析の観点) ごとに内容を集めて見比べます。

初めにポスターのフォーマットや例を見せると作りやすいよ

② 付箋紙を、グループ化します。

グループ化のコツ

① 色別に分類作業をします。
② 内容が近いものを近くに配置します。
③ 一度に大きなグループを作るのではなく、2 〜 3 枚の小さなグループを作ります。その小グループを内容が近いものでまとめます。これにより、内容が把握しやすくなります。

③ 時間や因果関係を示すように配置を考えて、ポスター用紙に貼ります。

④ ポスターのタイトルやグループの内容をまとめる言葉を書きます。

⑤ 内容のかたまりを線で囲んだり、概念間の関係を示す線や矢印を書き込みます。

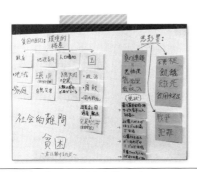
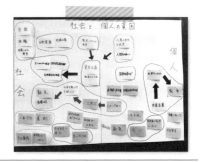

5　KJ 法 (川喜田 , 1967) を参考にした。

<4. ポスター発表>

① 自分たちのポスターの前にグループメンバーの1、2名が立ち、内容を紹介します。残りのメンバーは他のグループのポスターを見てまわります。

② 15分程度経ったら役割を交代します。

事前に発表で使う言葉を紹介しておこう

【活動例⑥】質問する

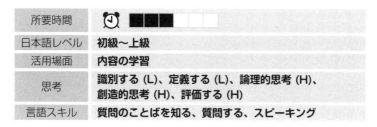

所要時間	⏰ ■■■□□□
日本語レベル	初級〜上級
活用場面	内容の学習
思考	識別する (L)、定義する (L)、論理的思考 (H)、創造的思考 (H)、評価する (H)
言語スキル	質問のことばを知る、質問する、スピーキング

発表や話し合いのとき、なかなか質問できない学習者がいます。この場合、どのような質問をすればよいかわからないため、質問できないのかもしれません。低次思考力 (LOTS) を使って答えを考える質問 (事実について問う質問、例:「〜は何ですか」) と高次思考力 (HOTS) を使って答えを考える質問 (例:「〜はどのように変わりましたか」) に分けて考えます。

【目的】

① ポスター発表で発表者に質問できるようになる。
② 質問の種類を知り、目的に応じて使い分けられるようになる。
　※口頭発表や話し合いにも応用可能です。

【教材】

小さい付箋紙 (25mm x 7.5mm) 2 色 (水色とピンクなど)

【方法】

<ポスター発表会の前>　質問について考える

① 学習者にどのような質問の言葉があるかを聞き、黒板に書き出します。

② 学習者から出た質問を、答えが短い質問（低次思考力を使って答える質問）・答えが長い質問（高次思考力を使って答える質問）に分類し、特徴を説明します。

質問するときの表現も紹介しておこう。失礼にならない質問のしかたを考えてみるのもいいね

Point

質問の種類

[LOTS型質問]（低次思考力を使って答えを考える質問）
- 何、いつ　（記憶）
- AとBはどのような関係がありますか。（整理する、順位づける）

[HOTS型質問]（高次思考力を使って答えを考える質問）
- どうして～なったと思いますか。（論理的思考）
- どのようにしたら～なると思いますか。（創造的思考）
- どうしたらもっとわかりやすい発表ができるでしょうか。（評価）

〔応用〕発表者の考えを聞く質問
- どうしてこのテーマを選びましたか。
- 発表でいちばん重要なところはどこだと思いますか。
- この問題はどう解決できると思いますか。

事前の練習として、短い文章を読んで、ペアで質問を考えてみるのも効果的だよ。以前に読んだ文章でもいいよ

<ポスター発表会で>

① ポスターのどの部分に質問したかを明確化するために、学習者に小さい付箋紙(水色・ピンクの2色)を配り、短い答えの質問をしたら水色の付箋紙を、長い答えの質問をしたらピンクの付箋紙をポスターの関係する箇所に貼ります(付箋紙に質問を書く必要はなく、ただ貼るだけです)。付箋紙の枚数は学習者のレベルや内容によって調節してください(例:水色10枚、ピンク5枚)。

手持ちの付箋紙が質問をして減っていくことで、楽しく質問する雰囲気になるよ

② ポスター発表会で、答えが短い質問・答えが長い質問の両方を使って質問するよう促します。付箋紙が余って困っている学習者がいたら、教師や周りの学習者がいっしょに質問を考えたり、使い切った学習者に譲ってもいいでしょう。

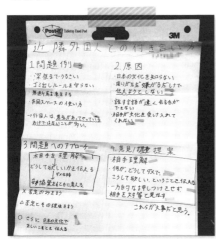

発表のあと、質問をしたときの感想を話したり、ポスターのどの部分に付箋紙が多く貼られたか、何色の付箋紙が多いか振り返ってみよう

【活動例⑦】ディスカッションをする

所要時間	⏰ ■■■□□
日本語レベル	初級〜上級
活用場面	内容の学習
思考	論理的思考(H)(トピックによる)
言語スキル	ディスカッションをする、スピーキング

　質問する練習を重ね、質問することに対する抵抗感が薄れ、協働的な教室の雰囲気がつくられたら、日本語レベルにかかわらず、ディスカッションにチャレンジしてみてください。ただし、活発なディスカッションを行うには、いくつかのコツがあります。

【目的】

① ディスカッションすることについて理解する。
② 意見を言い合うことに慣れ、ディスカッションできるようになる。

【方法】

① 「ディスカッションする」とは何をすることなのか考えます。
　ディスカッションという言語スキルのゴールを共有します。初級学習者であれば、学習者の母語や媒介語で話し合うのもいいでしょう。

② ディスカッションポイントを共有します。
　ディスカッションのポイントを明確にし、共有します。ディスカッションポイントを学習者と共に考えるのもよい準備になります。

対象となるトピック、意見、データなどを絞ることで、単なるおしゃべりにならないようにしよう

③ 練習をします。

　質問はできても、反対意見を言うには勇気がいります。まずはペア、次にグループ、最後に全体というように、意見を言う場のサイズを変えて練習をしてみるのもいいでしょう。

質問や意見を紙に書いて準備しておくのもいいね

④ ディスカッションを始めます。

　ディスカッションをするだけではもったいないと思います。付箋紙やスライドに学習者の発言キーワードを記録し、発言者の名前、意見や代替案の内容、ディスカッションの流れなどを提示するとよいでしょう。

⑤ 振り返りをします。

　学習者の発言キーワードの記録から、話した内容や言語スキルを振り返ることができます。①で行ったように、「ディスカッション」について再度考えるのもいいでしょう。

　発言キーワードの記録は、ポートフォリオに加えておけば、あとで学習者自身が言語スキルを振り返ることができます。

ディスカッションの成否は教師の支援次第

学習者どうしでディスカッションをさせるなんて、教師は仕事をしているといえるのか、という批判を耳にしたことがあります。しかし、ディスカッションを成功させるには、教師の支援が必須です。

1. 教室の雰囲気づくり

いくらよい雰囲気の教室でも、ディスカッションが白熱すると、当たり前の意見を馬鹿にしたり、誹謗中傷合戦になったりと、さまざまなことが起こります。教師が当たり前の意見や、おしい意見を積極的に取り上げ、補足し、認めることで教室の雰囲気づくりをすることができます。

2. 停滞してしまったら？

反対意見がある場合は代替案を述べるよう条件を提示することで、前向きなディスカッションに方向を変えることも可能です。学習者の意見の中から新たなディスカッションポイントを取り上げて、提示したり、すぐに提示せず学習者に考えさせたりしてもよいでしょう。そのポイントが学習者にとって、チャレンジングで、意見を言いたくなるようなものであれば、ディスカッションの活気を取り戻せるはずです。

【活動例⑧】 発表レジュメ作成体験

所要時間	⏰ ■■■■■■
日本語レベル	中級〜上級
活用場面	内容の確認
思考	覚える (L)、識別する (L)、整理する (L)、定義づける (L)、評価する (H)
言語スキル	リーディング、ライティング (発表資料を作る)

1冊の本を学習者が分担して読み、読んだ内容を紹介する分担読解を行いました。しかし、発表資料を作ったことのある学習者はいなかったので、事前に発表資料を作る練習をしました。

【目的】

① 発表資料の作りかたを学ぶ。

② 他の学習者と協力する経験をする。

【教材】

・発表レジュメの見本

・A3 用紙、サインペン

【方法】

＜1. 準備＞

① 文章を前半と後半の 2 つに分け、クラスの半分の学習者に前半部分を、もう半分の学習者に後半部分を割り当てます。

② 宿題として次回の授業までに読んでくるように指示します。

＜2. 発表レジュメ作成体験＞

［作成する］

① 教師はレジュメの目的や形式を簡単に説明します。

　レジュメの例を見せるのもいいです。

② 同じ部分を読んだ学生どうしでペアになります。

　A3 用紙1枚とサインペンを手渡して、手書きでレジュメを作ります。

［修正する］

③ 文章の同じ部分のレジュメを作成した
　ペアどうしでレジュメを見せ合います。
　同じ内容であっても形式や取り上げた
　部分が違うので、どこが違うかを指摘し
　合います。

④ 自分たちのレジュメに追加や修正をし
　ます。

［作成したレジュメの例］

＜3. レジュメを使って説明する練習＞

　文章の異なる箇所を読んだペアを相手に、レジュメを見せながら内容を説明
します。わかりにくいところは質問するよう促します。

＜4. フィードバック＞

　教師はクラス全体に、いいところ・改善点を指摘します。

レジュメの見本はいつ見せる?

[作る前に見せる]
○ 形式が理解できるので、作りながら悩まなくてすみます。
△ 形式に無理やり内容を当てはめることがあります。
　　例 1) 2) 3) と数字を示したら、概念間に関係がないにもかかわらず3つ列挙しようとする。

[作ったあとに見せる]
○ 形式は適切でないかもしれませんが、内容に合わせて形式を考えるので、内容と構成が合っていることが多いです。
○ 学習者が作る形式にバリエーションがあるので、学習者間で見せ合ったときに気づきが多いです。
△ どのように作るかわからずに作業が止まってしまうこともあります。

⇒ 作る前は口頭や板書で簡単に説明しておいて、作ったあとに印刷したレジュメの見本を配るのがよさそうです。

【活動例⑨】評価項目を作って相互評価をする

所要時間	⏰ ■■■□□□
日本語レベル	中級～上級
活用場面	内容の学習、まとめ・振り返り
思考	明確化・定義する (L)、順序だてる (H)、比較する (L)、論理的思考 (H)、評価する (H)
言語スキル	評価する

　聞き手にわかりやすい発表をするには、発表者自身がどのように説明すれば聞き手にとってわかりやすいか明示的に理解している必要があります。

【目的】

他の学習者が考える「よい発表」を知ることで、自分が考えている「よい発表」を意識し修正する。

【教材】

［教材1］

「分担読解」～「説明」の評価基準作成～

名前＿＿＿＿＿＿＿

○ **評価基準を作成する目的**
　① 他の人にわかりやすく説明するには、どのように説明すればいいかわかっている必要があります。
　② 自分の考える「よい発表」が、他の人にとっても「よい発表」なのか、考えましょう。

○ **「説明」のシチュエーション：**
　① 印刷した資料を使って、本の内容を説明します。
　② イスに座った状態で、5、6人程度の人に話します。
　③ 聞き手は留学生で、本を持ってはいますが、読んでいない可能性があります。

1. あなたの考える「よい発表」とは、どのような条件を満たしていると思いますか。自由に書き出してください。単語でもいいです。

2. 発表を評価する基準としてふさわしいと思う項目を自由に挙げてください。

【方法】

[第1回:授業の20分ほどを使う]

① [教材1] を配布します。「よい発表の条件」と「評価項目」を書かせます。用紙は回収します。

[第2回:授業の20～30分を使う]

② 各学生が書いた「よい発表の条件」をタイプして一覧にした資料を作成して配布する。

③ 学習者は「よい発表の条件」の一覧から、いいと思うものに下線を引く。

他の学習者が書いたものを見ることで、新しい視点に気づくことができるよ

④ 下線を引いた部分を参考に評価基準を再度作成します。

評価基準の作りかた

クラス全体で話し合って基準を作るほか、グループで話し合って作った基準をクラス全体で持ち寄って、評価基準を作ることができます。

[その後の授業で]

⑤ 発表で相互評価用紙として利用します。

[教材2]

発表の評価表

※自分以外の発表を評価してください

評価項目の構成概念として学習者が書いた項目をそのまま利用しました

発表者の名前	タイトル	合計25点	①説明のわかりやすさ ・理解しやすい ・簡単な単語を使う ・読んだことがない人にもわかる *(14人が提案)*	②説明のおもしろさ ・内容のおもしろさを伝えている ・表現力がある ・作者の意図を伝える ・自分の考えや思ったことを伝えている *(12人)*	③聞き手との交流 ・相手の反応を見る ・アイコンタクト ・適切な声量 *(14人)*	④内容の構成 ・構成がよい ・論理的にまとまっている ・流れがよい *(10人)*	⑤発表資料 ・資料がよい ・視覚資料を使う *(3人)*
1.		／25	／5点	／5点	／5点	／5点	／5点
2.		／25	／5点	／5点	／5点	／5点	／5点
3.		／25	／5点	／5点	／5点	／5点	／5点
4.		／25	／5点	／5点	／5点	／5点	／5点
5.		／25	／5点	／5点	／5点	／5点	／5点
6.		／25	／5点	／5点	／5点	／5点	／5点

同じ評価項目を考えた学習者の人数を書いて、みんなで作った評価基準であることを強調しました

教材・活動の
チェックリスト

ここまで活動例を紹介してきましたが、授業のイメージがわいてきたでしょうか。多様な教材、学習活動、言語スキル、認知能力を組み合わせて相互作用させているのが CLIL ですね。表 4 は教材・活動のチェックリストです。授業を計画するときに使ってみてください。

表 4　教材・活動チェックリスト[6]

① **教材**
- ☐ 内容と言語の両方で、十分な (豊かな) インプットがありますか。
- ☐ 実際に即した真正性の高い素材ですか。
- ☐ 文字、イラスト、図、表、映像などを組み合わせていますか。

② **活動**
- ☐ 内容と言語の両方で、学習者を支援するスキャフォールディングが組み込んでありますか。
- ☐ 低次思考力と高次思考力を組み合わせた活動になっていますか。
- ☐ 自律的に学ぶために必要な学習スキルの指導を取り入れていますか。
- ☐ 学習者どうしが相互交流をしながら学び合う協働学習を取り入れていますか。
- ☐ 学習した知識や技能を活用するアウトプット活動がありますか。

③ **つながり**
- ☐ トピックへの興味ややる気を起こさせるよう工夫されていますか。
- ☐ 内容、言語、思考が異文化理解や国際問題とつながっていますか。
- ☐ 教室で学んだことが、実際の生活や社会とつながっていますか。

---

[6] 渡部他 (2011, p.29) を参考に作成。

コラム column

学習者の学ぶ力を育てよう

　本章で紹介した活動は、ペアワークやグループ活動が多いです。しかし、多くの情報を効率よく伝達することを考えると、講義形式で教師が話すタイプの授業のほうが効率がいいのかもしれません。グループ活動は時間がかかりますし、非効率な面もあります。それでも協働的な活動をする意義は何でしょうか。

　自律した学習者になるためには、学習者が自分で学習を進められること、つまり学習スキルを使って自分の学習をコントロールできるようになることが大切です。教師が「この方法をやってみましょう」と紹介しても、いつ・なぜそれを使うのか、使ったらいいことがあるのか、それが自分に合っているのかなどが実感できなければ、いい方法であっても使ってもらえません。実際の活動で、困ったとき、他の学習者がやっているのを見て「いいな」と思ったときが、新しい方法にチャレンジする絶好の機会です。教師の仕事はさりげなくフォローし活動後の振り返りをするだけです。グループ活動には気づきの種がたくさん埋まっていますし、学習者がさまざまな新しい方法(学習スキルも言語スキルも)を試す機会もたくさんあります。

　例えば、本章(p.84)で取り上げた「自分の単語帳を作る」は古典的な活動ですが、クラスで振り返りを行う、覚えておきたい言葉を選ぶ(重要な語の選択)、他の学習者といっしょに選ぶ(どのような語が重要かを知る)、教室の壁に貼る(覚えかたのテクニック)、言葉だけでなく表現も選ぶ(単語レベルでなく表現レベルでも覚える)など、多様な学習スキルを紹介することができます。学習者が日常生活で出会った言葉や、アニメやインターネットでひっかかった言葉を自分で収集するようになれば、言葉はどんどん増えていきます。

　近年注目されるアクティブ・ラーニングでも、学習者の話す量は教師より多いこと、学習者も学習内容や方法の決定に関わること、評価に関わること、教師はファシリテーターとなることが挙げられています。

　学習は社会的に意味のある活動のなかで動機づけられるといわれます。学習意欲やコミュニケーション意欲を高めるにも、学習者が自律的に行う活動を授業に取り入れていきたいですね。CLILの授業の醍醐味は学習者がいきいきと活動し新しい気づきを得る姿を見られることです。

第4章

CLILで授業をやってみた！

世界の貧困問題を知る
初中級〜中級前半の学習者を対象としたCLILの授業

第4章では、実際にCLILを意識して行った授業をご紹介します。

はじめに 〜どんなクラス?〜

　私は、大学学部生を対象とした日本語基礎力アップ講座(初中級〜中級前半)の授業を担当しました。学習者たちは中東の学習者が多く、全体的ににぎやかで明るい印象でした。日本語力はN4レベルが中心で、話すのは上手でしたが、漢字まじりの日本語を読んだり書いたりするのは極端に苦手という学習者が多かったです。そのため、授業中もふざけて、なんとか勉強から逃れようとする姿が見られました。また、課題を期日までに提出することが苦手な学習者も少なくありませんでした。このように、私が担当したクラスは、楽しいけれど、なかなかまじめに勉強する雰囲気になれないクラスでした。

　そこで、私は、すでに実践されていた上級でのCLIL授業(奥野他, 2015)を参考にしつつも、けっしてパーフェクトをめざさず、「テーマについて知識を深め、自分の人生に活かすこと」「テーマに関連する日本語がわかるようになること」を目標にして実施することにしました。そのときの私の授業日誌には、「彼らの『知識』がどのように変わるのか楽しみだ」と書いてありました。

授業のデータ

授業の種類・目的	国内大学の学部生を対象とした選択科目。学部授業においてアカデミックな内容を理解するために必要な日本語のスキルと基本的な日本語力を身につけることを目標としている。読解と聴解の授業 (週 2 コマ) から成るが、今回は読解の授業の一部を CLIL で行った。
CLIL に使った時間と回数	読解の授業は計 18 回 (1 回は 90 分)。読解ストラテジーの練習を 5 回、CLIL の授業を 12 回、まとめのテストを 1 回実施した。
対象者	日本語学習者 10 名 学年：1 年生 8 名、3 年生 2 名 国籍：サウジアラビア 6 名、インドネシア 1 名、タイ 1 名、韓国 1 名、中国 1 名 日本語のレベル：N4 〜 N3 (N2 に近いレベルが 3 名)
使用教材	・『世界がもし 100 人の村だったら』(DVD) (フジテレビ) ・「世界がもし 100 人の村だったら」なかのひろみ訳 (http://www.romi-nakano.jp/100people) ・『NHK 地球データマップ』NHK「地球データマップ」制作班編 (NHK 出版) pp. 24-28. ・『世界で一番いのちの短い国』山本敏晴著 (小学館文庫) pp. 64-142. ・『考えよう！やってみよう！フェアトレード 3』渡辺龍也監修 (彩流社) pp.14-15.

授業の流れ

1〜5回		読解ストラテジーの練習

第1期　導入		
6回	導入	「世界がもし100人の村だったら」
	DVD1	『世界がもし100人の村だったら』「ガーナ」

第2期　基礎知識		
7回	読解	貧困とは（1）『NHKデータマップ』「世界の飢餓の状況」「アフリカ飢餓の現状」
8回	読解	貧困とは（2）『NHKデータマップ』「食料は足りないの？」
9回	読解	貧困とは（3）『NHKデータマップ』「モノカルチャー経済が貧困を生んだ」

第3期　メインテーマ		
10回	発表	シエラレオネについての発表（1）
11回	発表	シエラレオネについての発表（2）
12回	DVD2	『世界がもし100人の村だったら』「シエラレオネ」
	分担読解	『世界で一番いのちの短い国』（分担読解説明・教師発表例）
13回	分担読解（発表）	『世界で一番いのちの短い国』①〜⑤
14回	分担読解（発表）	『世界で一番いのちの短い国』⑥〜⑧
15回	分担読解（発表）	『世界で一番いのちの短い国』⑨〜⑫

第4期　応用		
16回	発表	「私たちにできることは？」（自分たちにできる国際貢献の紹介）
17回	読解	『考えよう！　やってみよう！　フェアトレード3』「フェアトレードに取りくむ企業」

第5期　評価		
18回		まとめのテスト

110

第1期　導入　～『世界がもし100人の村だったら』～

　最初の5回は、接続語やキーワード探し、構成を意識した文章の読みかたなど、読解ストラテジーの練習をしました。十分に練習を行ったあと、「それでは生教材を読んでみましょう」と言って、6回目からCLILの授業に入りました。

　はじめに、「CLILとは」という説明を簡単に行いました。"Content and Language Integrated Learning"と黒板に書き、内容と言語のどちらも大切にして学ぶこと、他の日本語教育機関でも実践されている新しい方法であること、今回学ぶ大きなテーマは「いのち」で、貧困や国際貢献に関するテキストを読むことを説明しました。学習者たちは、「うんうん」と素直にうなずいていました。

　まず、現在の世界の人口について確認しました。次に、なかのひろみ訳の「世界がもし100人の村だったら」の数字を括弧で抜いたプリントを配布し、ペアで読んで数字を予測してもらいました。例えばこのような感じです。

　　（　　　　）人のアジア人

　　（　　　　）人のヨーロッパ人

　　（　　　　）人の南北アメリカ人

　　（　　　　）人のアフリカ人がいます

　全体で答え合わせをしたあと、予想と大きく違ったところや感想を聞きました。多くの人が驚いていたのは、標準以下の家に住んでいる人が80人、文字が読めない人が70人、そして大学の教育を受けている人が1人だけ、というところでした。ふだんは冗談ばかり言っている学習者も、神妙な顔で「驚いた」と言っていました。また、これはいつの情報だろう、今はまた違うのではないか、と疑問を述べる学習者もいました。

111

最後に、『世界が100人の村だったら』のDVDをテレビで見せたところ、広い教室でばらばらに座っていた学習者たちがぐっと前に集まってきて、食い入るように真剣に画面を見始めました。こんなに集中した姿を見たのは初めてでした。そのとき、「あ、みんなはこの問題に関心を持っている」と、かすかながら手ごたえを感じました。

第2期　基礎知識　〜『NHK地球データマップ』〜

　第2期から、学習者たちの苦手な少し長めの文章読解に入りました。最初のテキストは『NHK地球データマップ』の「8人に1人が飢えている！ なのに食べものは余っている？」の一部でした。この本は、子ども向けにやさしい日本語で書かれているので、ルビをつければそのまま読むことができます。

　まず、最初のページの「飢餓マップ」を見て、世界の飢餓の状況を確認しました。その中に、アラビア半島の中でただ1つ真っ赤に塗られた地域(栄養不足人口の割合が35%以上)がありました。イエメンでした。なぜ中東でそこだけが赤いのかと問いかけたところ、あるサウジアラビアの学習者が、そこで現

在内戦が起こっていること、自分の兄が戦いに参加しており、とても心配していることを話してくれました。私から見て遠い国の話が、学習者の話によって一気に現実味を帯びました。他の国の学習者たちもきっと身近な問題として感じたと思います。

［飢餓マップ］

(NHK「地球データマップ」制作班編 , 2008, pp.24-25)

　文章を音読して、みんなで語彙や意味を確認したあと、内容を問う問題のプリントを配布し、それに答える練習をしました。そして、次の時間に語彙を確認する小テストを行いました。第2期では、それを異なるテキストで3回くり返しました。時々、本文を読む前に問題プリントを先に渡して、ペアで答えを予測したあとに本文を読みながら正答を確認するという方法で行いました。この方法はこのクラスの学習者には合っていたようで、ふだんあまり積極的に参

加しない学習者もかなり熱心に取り組んでいました。

　第 2 期では、テーマにかかわる基本的な語彙の意味や漢字の読みかた、例えば、「栄養失調」「平均寿命」「飢える」「先進国」「途上国」「経済格差」「内戦」「貧困」「輸入」「輸出」「自給自足」などを学びました。

[本文を読む前の答えの予測]

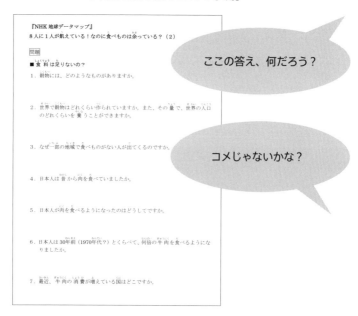

第3期　メインテーマ　〜『世界で一番いのちの短い国』〜

　第3期では、一般の日本人向けに書かれた本、『世界で一番いのちの短い国』に挑戦しました。この本は、医師である山本敏晴さんが、国境なき医師団の一員として、当時平均寿命が34歳であったシエラレオネにいたときの経験をもとに、シエラレオネの実情や文化、国際貢献のありかたなどについて書いたものです。

　まず、各自で「シエラレオネ」について調べてきてもらいました。パワーポイントやポスターなど、発表のしかたは自由としました。発表は、1人ずつ前に出て行いました。シエラレオネの地理的情報、人口、国旗の由来、歴史、内戦、エボラ熱などの他に、結婚式や食べ物、文化について発表した人もいました。

　そして、シエラレオネについて書かれた本を分担読解で読むことを伝えました。本1冊を読むことはこのレベルでは無理なので、第2章「さまよう心」と第3章「ことばの力」を学習者向けにリライトしたテキストを使用しました。そして、それを12のパートに分け、各パートの担当者を決めました（1人が2つのパートを担当した回もありました）。読んだ内容は、全体で発表してもらうことにしました。担当した箇所を責任を持って読んでもらい、理解した内容を自分のことばを使って説明してもらうためです。

　発表方法は、どのレベルの学習者も無理なく取り組めるようシンプルなものにしました。学習者の負担を減らすため、レジュメの作成は求めませんでした。

　発表は、次の流れで行いました。

① 音読：大きな声ではっきり読む

② 語彙確認：わからない言葉について、他の学習者からの質問に答
　　える

③ 内容説明：全体の話を要約して、わかりやすく内容を説明する
④ 質問：内容を確認する質問を、担当者から他の学習者に行う (2〜3つ)

　音読のパートを入れたのは、声に出して読む練習をしてもらいたいというのと、自宅でテキストを読んでこなかった学習者にも授業に参加してもらいたいという思いからでした。発表時間は、1人10〜15分としました。発表のしかたについては、私が第1章を使ってモデルを示しました。そして、自宅で準備をしてくるように言いました。

　最初の回は、日本語のよくできる2名がトップバッターとなり、上手に発表してくれました。学生の作成した質問の中には、「あなたにとって残虐性とはどんなことですか」「子ども兵の問題に対してどんな対策がいいと思いますか」というように、直接文章の内容を問うものではないものもありましたが、そのようなオープンエンドな質問がかえってみんなの発言を活性化させているように見えました。課題に取り組むことが難しい学習者もいましたが、発表中にクラスメイトに手伝ってもらったりしながら、なんとか全員が無事に発表を終えることができました。

　リライト版とはいえ、このレベルの学習者には難しめの、ある程度まとまった内容の文章を読み終えたことは、彼らの大きな自信につながったのではないかと思います。

第4期　応用　〜『考えよう！　やってみよう！　フェアトレード3』〜

　授業のまとめは、「私たちにできることは？」でした。全員に、自分のできる社会貢献について調べてきてもらい、1人ずつ発表してもらいました(もともとの課題は国際貢献についてだったのですが、身近な社会貢献について調べてきた人が多かったので、それもよしとしました)。

　発表では、イスラム教の社会貢献のしかたがいくつか紹介されました。例えば、Zakatという、毎年貯金の2.5％を貧困状態の人や親のない子のために寄付する取り組みや、ラマダンのときに18時半に家に着いていない人に対して食べ物をあげる習慣などです。自分たちに身近なことなので、とてもわかりやすく説明してくれました。また、中国の四川省での地震の際に見られた民間支援の例や、韓国での奉仕活動に参加したときの経験談、AISECというボランティア活動の紹介と自分も将来それにぜひ参加したいという話など、さまざまな話題が出ました。他の人の発言に刺激されて、さらに別の支援を思い出して紹介するというように、とても活発な意見のやり取りがなされました。

　最後に、『考えよう！　やってみよう！　フェアトレード3』という本の中の「フェアトレードに取りくむ企業」の文章を読み、プリントの問題に答えました。この本は、子ども向けに書かれたもので、ルビもふってあり、学習者にはちょうどよい難易度の文章でした。そして、そこで紹介されていた「1チョコ for 1スマイル」(収益の一部でガーナの子どもたちの教育を支援する活動)のチョコレートをみんなで食べました。

第5期　評価

　最終日に、まとめのテストを行いました。CLIL では、ポートフォリオによる評価もよく行われていますが、今回の学習者たちにはポートフォリオはまだ難しいように感じられ、また、初中級～中級前半の学習者の場合、言語の習得が重要であり、テストが授業全体の復習にもなると考えて、読解と語彙に関するまとめのテストを行うことにしました。予想どおり、学習者たちはテストでよい点を取るために、家でよく復習してきました。

　テストは、①読解ストラテジーについて、②『NHK 地球データマップ』、③『世界で一番いのちの短い国』、④『考えよう！　やってみよう！　フェアトレード3』の4部構成となっており、授業で学んだことをまんべんなく含むようにしました。③では、授業で分担して読んだ第2章と第3章のすべてをテストの範囲とし、発表の際に学習者が作った質問をもとにパートごとに 12 問出しました。例えば、「RUF はどうやって兵器をもらうことができましたか」などです。その中から、自分の好きな問題を6問選んで答えてもらいました。中には、勢い余って、答える必要もないのに全問に答えた学習者もいました。試験問題は学習者の日本語レベルによって Intermediate と Advanced の2つに分けました。問題はほとんど同じでしたが、Advanced のほうは、ルビを少なくし、②で学んだ基本語彙の漢字の読みの問題を加えました。

　最終成績は、課題や発表、小テストや授業への参加度も含めて、総合的に評価してつけました。

この授業を終えて

　今回の授業は、けっして完璧なものではありませんでしたが、CLIL の 4C を なんとか達成できたのではないかと思います。あるとき、学習者が突然前に出 てきて、「先進国」「途上国」という言葉を黒板に書きながら、自分の考えを説 明しようとしたことがありました。そのとき、私はとても驚きました。これら の言葉は、CLIL で学習する前には日本語で読んだり書いたりできない言葉だっ たからです。そして、周りの学習者もその学習者が字を書くときに、「違う、違う」 「そうそう」と身振り手振りも交えながら一生懸命手伝っていました。「内容」 と「言語」と「思考」と「協学」が 1 つになった瞬間でした。

　今回の学習者たちは、きちんと計画的に勉強することは苦手でしたが、テー マに対しては関心があり、それが日本語の学習を引っ張っていったという印象 がありました。理由の 1 つには、学習者たちが学部生だったということもある と思います。一度、大学予備教育機関の日本語クラス（日本語の教科書を毎日 勉強するクラス）で同じテーマの読みものを扱ったことがありますが、そのと きは「なぜ今これをするの？」という反応をされました。このように、「言語」 を中心として学ぶ場でいきなり「内容」を中心としたものを扱うと、学習者が 戸惑う場合があります。CLIL で授業を行う際は、そのテーマを扱う目的をき ちんと学習者に伝え、目の前の学習者を細やかに観察しながら段階的に提示し、 興味や学習スタイルに合わせて柔軟に対応することが必要だと思います。

　また、初中級〜中級前半のレベルでは、語彙や表現の練習など、言語面の学 習を補助する教材がもっとたくさんあるとよいと思いました。学習者の満足感 を高めるためにも、4C を意識して授業を準備することはとても大切だと思い ます。

コラム column

教師はファシリテーター！

　学習者がいきいきと学習や活動に取り組んでいる――。教師ならだれもがそうあってほしいと願っています。せっかくみんなが集まっている教室です。教師はどうやって学習者たちをファシリテートすればよいのでしょうか。

　私は、学習者が安心して学べる環境をつくることが何より大切だと思います。それには、教師の「態度」が重要です。一般に、教師という生き物は、どうしても学習者に教えなければならないと思いがちです。そして、どういうわけか、学習者の欠点に目が行きがちです。そこで、次のことを意識してみてはいかがでしょうか。

① 教師と学習者は対等である

　教師と学習者は、役割は異なりますが、人としてはまったく対等です。対等の立場にある学習者が、あなたの計画した授業に参加してくれています。いつも「協力してくれてありがとう」という気持ちで臨みましょう。そして、1人でがんばらずに、学習者といっしょにオリジナルなクラスづくりを楽しみましょう。

② どの学習者にも言い分がある

　宿題を忘れる学習者、反抗的な学習者、寝ている学習者、教室にはいろんな学習者がいます。でも、学習者にはそれぞれ言い分があります。注意をする前に、「どうしたの?」とまずは学習者の声にじっくりと耳を傾けてください。そして、どうしたら問題を解決できるか、いっしょに考えてあげてください。

③ どの学習者にもすてきな一面がある

　学習者を好きになってください。どの学習者にも必ずキラリと光るすてきな一面があります。それを発見するのも教師の役目です。ちなみに、私は学習者の笑顔に注目するようにしています。

④ 学習者どうしの関係をつなぐ

　学習者が安心して学べる教室にするためには、いっしょに学ぶ学習者どうしが「仲間」である必要があります。教師は学習者どうしの関係をつなぐことを常に心がけましょう。

⑤ 学習者は学ぶのがうまい

　学習者は調子がのってくると、どんどん自分から学びだします。ここまでくると、教師にできることは、学習者の邪魔をしないことです。つまり、授業の中で学習者が活躍できる場をできるだけたくさんつくること、そして、グループ活動中に無遠慮に声をかけたりしないことです。教師には不思議な引力があるので、うっかり声をかけると学習者たちがいっせいに教師を見ながら話すようになるからです。

　このように、学習者を見る目が変われば、きっと授業もいきいきとしたものに変わるはずです。

第5章
CLIL授業を評価して振り返ろう

CLIL の評価って？

言語学習における評価は、主に3つの機能（働き）を持っています。教師の振り返り、学習者の振り返り、学習の方向づけです。CLILの授業を行うときは、4C（内容、言語、思考、協学）を意識的に指導・学習に反映することにありました。ですから、もちろんCLILの評価においても、4Cの統合を意識することが必要となります。むしろ、評価においてこそ、他のアプローチにはない4Cという枠組みの真価が発揮されるといってもいいでしょう。4Cというわかりやすい枠組みを用いて、統合的な学習を統合的に評価することができるのです。

CLILの評価を行えば、教師は自分の教えかたを振り返るためのさまざまな情報を4Cという枠組みを使って整理することが可能です。そのうえで、授業の目標として設定した4Cは達成できたか、その目標に対してシラバスやカリキュラムは適切だったか等について、検討していくことになります。また、評価の結果を4Cという枠組みを使って学習者に提示することで、学習者は自分が学習した内容やその成果をより具体的に実感することができます。さらに、評価には、学習の方向づけという機能があります。CLILの評価を体験した学習者は、学習目標である4Cを意識した方法で学習を進めることになります。例えば、一般的な日本語の授業において、リスニングの小テストを実施すると、学習者はリスニングを積極的に取り入れた学習をしますよね。CLILの評価は、学習者の学習方法にも影響を与えます。つまり、妥当な方法で評価をすれば、学習成果だけでなく、自分の学習方法を振り返り、改善することができるのです。もし、妥当ではない方法で評価をしてしまったら、せっかくのCLILの良

さを生かせない学習方法を勧めてしまうことになるかもしれません。妥当な方法で CLIL の評価を実施することで初めて、教師は教えかたを学習者は学びかたを改善し、学習の効果の向上につなげていけるのです。

では、CLIL において、どのような評価法が妥当なのでしょうか。

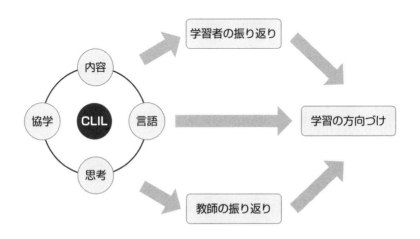

図1　CLIL の評価のイメージ

CLILのための評価法

評価法と聞いて、どんな言葉を想像しますか。受験、偏差値、単位、テスト勉強、一夜漬け……。ほとんどの人がマイナスイメージを持っていて、「テストが大好き！」という人は、あまりいないんじゃないかなと思います。しかし、皆さんに嫌われがちなペーパーテストは、評価法の1つにすぎません。CLILでは、言語知識・言語使用だけでなく、内容、思考、協学・異文化理解の4Cを統合的に伸ばすことを目標としていますから、4Cを振り返るために役立つ情報を収集するためには、ペーパーテストでは十分な情報が得られません。例えば、言語面についてはペーパーテストで効率よく測定しつつ、内容と思考についてはポスター発表やレポートで、協学についてはポートフォリオ(学習の成果をファイルにまとめたもの)で、というように、複数の評価法を使うのが一般的です。

また、CLILの評価には、「学習の評価」だけでなく、「学習としての評価」が含まれています。「学習の評価」とは、成績をつけるために教師が主導して行う評価ですが、「学習としての評価」とは、学習者が自律的に自己評価やピア評価(学習者どうしでお互いを評価)すること自体が学習だという考えに基づいています。CLILの授業と評価は表裏一体だといっていいでしょう。

ここでは、私たちがCLILの実践で用いた評価法の特徴と、実施する際の注意点を紹介します。次のページの図は、CLILを開始する前から終了後まで、ど

のような方法で、評価に役立つ情報を集めたかを示したものです。

開始前	事前アンケート、レポート、日本語のクラス分けテスト
開始直後	事前アンケート結果とレポートの共有
実施中	日本語の小テスト、口頭発表、配布資料、ポスター発表、ポスター、ディスカッション、自己評価シート・ピア評価シート、ポートフォリオ、アンケート、観察、授業記録
実施後	日本語の期末テスト、期末レポート、口頭発表、ポートフォリオ、学んだこと・内省の共有、インタビュー、事後アンケート、遅延アンケート(授業終了の約1年後)

図2　CLIL 開始前から実施後までの評価法

いろんな評価法があって、学習者も評価するよ

CLIL 開始前・開始直後

　CLIL 開始前の評価では、CLIL で扱う内容について知っていることと知らないことを整理するため、アンケート調査やレポート作成を行います。また、日本語の習熟度もクラス分けテストなどで測定しておきます。CLIL 開始直後、実施中、実施後に、ここで集めた情報を何度か見返すことで、CLIL の効果を実感することができます。

評価例1は、奥野・小林 (2017) が用いたアンケート項目の一部です (全項目は資料 pp.144-146 参照)。学習者は、各項目についてどの程度当てはまると思うか、6件法 (「1　ぜんぜん当てはまらない」－「6　すごく当てはまる」) で回答します。奥野らは、世界の貧困や紛争、平和の問題を「内容」として取り上げた CLIL を実践し、このアンケートを用いた調査を CLIL 開始前と実施後に行っています。

【評価例1】

Content (内容)	(1) 貧困に対するさまざまな支援の方法について知っている。
	(2) シエラレオネの現状について知っている。
	(3) 社会起業家がどのような活動をしているのかを知っている。
Communication (言語知識・ 言語使用)	(1) スライドを使って、他の人にわかりやすく伝えることができる。
	(2) ディスカッションをすることができる。
	(3) 発表を聞いて質問をすることができる。
	(4) 貧困を支援する方法に関する言葉を知り、資料を読むことができる。
Cognition (思考)	(1) いい説明のしかたについて理解している。
	(2) ディスカッションポイントを発見することができる。
	(3) レポートを自己評価することができる。
Community /Culture (協学・異文化理解)	(1) グループで資料収集を協力して行うことができる。
	(2) グループで発表の準備を協力して行うことができる。
	(3) グループで話し合い、お互いの考えを知ることができる。

【評価例２】

④どうしてアフリカの人たちは、コーヒーやカカオを作るようになったのですか。
ヨーロッパ諸国の植民地にされ、コーヒーやカカオを栽培させられた。

⑤植民地にされた後、アフリカの人たちは、どのように食料を得るようになりましたか。
コーヒーなどを作って先進国に輸出し、そのお金で食べ物を買うことになった。

⑥途上国の人たちが豊かになることができないのは、どうしてですか。
コーヒーなど輸出農産物や鉱物資源の値段は安いからだ。

⑦「モノカルチャー」経済とは、どのようなものか説明してください。

昔、ボレボレ村の人は自分で食べ物を作って、自給自足の生活をしていた。でも、ある日、先進国の人が来て、農作物のかわりに、コーヒー物を作らせる。そうしたら、テレビや車などを買うお金をもらえるからだ。
それで、村人はコーヒーの木をいっぱい植えた。

　評価例２を見てください。上は、授業前に学習者が提出した宿題のプリントです。「モノカルチャー経済が貧困を生んだ」という読解素材を読んで内容理解の質問に答えるものです。学習者の記述を見ると、部分的な理解を問う質問には答えていますが、「モノカルチャー経済」全体の説明を求める質問に対しては、ほとんどの学習者が何も書いていないか、適切に解答できていませんでした。このことから、授業前の段階においては、この概念を学習者が１人で説明することは難しかったと考えられます。

127

評価例2の下は、授業後半に行った5コマ漫画 (p.59) を説明する活動のプリントです。この活動では、漫画という視覚的な助けを借りながらではありますが、すべての学習者が1人でモノカルチャー経済のシステムやそれによる貧困について説明できていました。このことから、授業前後でモノカルチャー経済という内容について学習者の理解が進んでいる様子が確認できました。

＜CLIL 開始前から学習を振り返る＞

　CLIL 開始前・開始直後の評価では、学習者の日本語の習熟度を把握しておきます。また、学習者がこれから学ぶ「内容」について、どの程度知っていて、どの程度知らないのかに気づくこと(学習の振り返り)が大切です。教師主導で「言語」や「内容」に関するペーパーテストを実施すること(学習の評価)も可能ですが、アンケートに答え、レポートを書き、クラスメイトと共有する学習活動そのものを評価活動(学習としての評価)にすることをおすすめします。CLIL 開始前の自分に気づくことで初めて、「内容」に対して興味を抱くことができます。特に、「内容」について予備知識があまりないなかで書いたレポートをクラスメイトと共有する CLIL 開始直後の活動は、学習者にとって初めての「協学」となります。教師は支援者として、本音を話しやすい環境をつくり、その時点での学習者を認める発言をするよう注意しましょう。「知らないからこそ、共に学ぼう！」というモチベーションを上げたいものです。

CLIL 開始前・開始直後では、「言語」「内容」について学習者が振り返ることが「学習としての評価」になるんだね！

CLIL 実施中

　CLIL 実施中の評価は、「内容」について調べ、発表するプロセスが対象となります。私たちの実践では、学習者が自分自身の発表を評価する自己評価とピア評価を取り入れました。本や資料を分担して読み、レジュメを作って口頭発表する場合、グループでポスターを作り、ポスター発表をする場合などによって、異なる評価シートを用いて自己評価・ピア評価を実施しました (pp.102-104)。

＜学習者による評価を成功させるには？＞

　学習者の中には、「評価は教師がするべき」という信念を持っている人が少なくありません。そのため、発表の準備をする前に、評価シートの作成を学習者自身にさせることをおすすめします。評価シートを作成するときは、あえて「評価」という言葉を使わず、「いい発表の条件」について発表させたり、「いい発表資料を作るためのチェックリスト」を考えさせたりしましょう。そうすることで、極端な過大評価や過小評価を避けることができますし、発表の準備をする段階で、何度かチェックリストで自己評価をくり返すことへ誘導し、よい発表資料を作るためのスキルや「思考」を認識することで、学習の方向づけをすることができます。次のページの評価例３は、学習者がグループで話し合い、作成した評価シートです。学習者自身が評価シートを作成することで、どのようなポスターを作り、どのように発表するのかという目標がはっきりします。発表の準備中には、評価シートを活用し、準備の進捗状況をチェックすることもできます。この評価シートを使うことがあらかじめわかっているからこそ、学習者はポスターの形式や内容などを修正し、その修正がうまくいったかを「協学」によって確かめるという学習活動を行えるというわけです。

＜評価には信頼関係が必要＞

　ポスター発表の日には、この評価シートを用いて、他の発表者を評価したり、自分の発表を自己評価したりします。教師による評価だけでなく、聴衆（他の学習者）からの評価を発表者に返し、次の発表にいかすようアドバイスしてもいいでしょう。ただし、評価シートに名前を書いて渡すかどうかは悩むところです。しかし、人間関係のトラブルを恐れて評価を避けるのはもったいないと思います。まずは、クラスの中で教師と学習者、学習者どうしの信頼関係を築いておくことが大切です。そして、いきなり学習者に評価させるのではなく、学習者による評価のメリットを学習者に伝え、必要ならば、評価シートに名前を書くかどうかも学習者に聞いたうえで、評価シートを活用することをおすすめします。

　このように、評価の前に信頼関係を築いておくことと、学習者による評価の利点を教師が学習者に伝えられるかどうかが CLIL 評価の成功の鍵と言っても過言ではありません。CLIL 評価を通して、ペーパーテストが持つマイナスイメージを変え、評価は味方だと思える教室をめざしましょう。

【評価例 3】

「ポスター発表」〜評価シート〜					

◆ポスタータイトル（　　　　　　　　　　　　　　　　　　　　　）

□ 発表者（※自分が発表者の場合 ✓）

＜評価項目＞	まったく あてはまらない				とても あてはまる
(1) ポスターの形式が適切だった（初めて聞く人が理解できる表現、レイアウト、写真、文字の大きさ・量）	1	2	3	4	5
(2) 発表者の主張が伝わった	1	2	3	4	5
(3) 質問に対して適切に答えられた（態度、内容、その後の対応）	1	2	3	4	5
(4) 聴衆の興味を惹きつける工夫があった（タイトル、レイアウト、内容、説明時の声の大きさ・はやさ・視線など）	1	2	3	4	5
(5) 聴衆とのディスカッションが盛り上がっていた	1	2	3	4	5

＜気づき・アドバイス＞

＜言語面の評価も大切に＞

　ただし、CLILでは、どうしても「内容」に焦点が当たるため、「言語」面の比重が少なくなる危険性があることに注意が必要です。活動に必要な語彙や表現に焦点を当てる機会を意識的につくってみてください。知っておく必要がある語彙や表現を事前にピックアップしたり、言語表現についてフィードバックを与えたりするとよいでしょう。日本語プログラムにおけるCLIL授業では、「言語」の向上も目標となるため、日本語のペーパーテストも併用するとよいでしょう。分担読解で扱った文章や関連記事の内容理解、「内容」と関連する語や概念の意味理解、レジュメやレポートの作成に必要な要約、引用、具体例、意見、根拠などを書く力などを問うペーパーテストを作成します。評価例4は、ペーパーテストの問題例です。

【評価例4】

　問1　貧困の要因となる「モノカルチャー経済」について説明しなさい。
　問2　シエラレオネの平均寿命が短い理由について具体例を挙げて述べなさい。
　問3　調べた社会起業家の活動内容をまとめ、課題について意見を述べなさい。

＜ポートフォリオのすすめ＞

　以上のように集めた情報や発表資料をまとめて、ポートフォリオを作ることもおすすめします。ポートフォリオとは、学習過程を振り返ることができるように、資料(授業の配付資料、レポートなどの課題、評価シートなど)を1つのファイルにまとめたもののことです。CLILでは「協学」が奨励され、協働作業が多くなります。そのため、個人の学びが見えにくくなる場合もあります。ポートフォリオを定期的に回収し、個別にフィードバックを与える機会を設け

るといいでしょう。このポートフォリオは、学習者だけでなく、教師の振り返りにも貢献します。授業中の観察で見落とし、指導記録に書いていなかった学習者の成長に気づくことができますし、学期末に成績をつける「学習の評価」のための貴重な情報源にもなります

　第4章 (p.118) で述べたように、授業で配布したプリントを取っておいて、まとめることが苦手な学習者もいます。こうした場合、クラスで同じ形のファイルを買わせ、まとめかたを CLIL の授業中に指示するとよいでしょう。ファイルは、プリントが傷みにくく、順番を入れ替えやすい、リング式のポケットタイプがおすすめです。ただまとめるだけではなく、CLIL 授業で折に触れて過去のプリントを見る時間を設定し、ポートフォリオの利点に気づくよう支援します。ある学習者からは、「これまでテスト前に慌てて勉強しようとしても、何がわからないかもわからなかったのに、ポートフォリオのおかげで、何を勉強すればいいかわかるようになった」と言われたことがあります。学習スキルだけでなく、「学習としての評価スキル」を向上させるために、「学習としての評価」に対する苦手意識を取り払うための活動を学習者に体験させてみてください。

CLIL 実施中は「学習としての評価」の利点を学習者に気づかせて、4Cの学習の方向づけをするんだね!

CLIL 実施後

　CLIL 実施後の評価では、作成したポートフォリオ、期末レポート、口頭発表、アンケート、テストなどを使って、総合的な「学習の評価」を行います。最も大切なのは、学習者自身がポートフォリオを用いて、授業開始直後に書いたレポートと期末レポートを読みくらべ、学んだことについて振り返ることです。その振り返りについて、授業で話し合い、共有してもよいでしょう。その他にも、「内容」と「言語」を測定することを目的としたペーパーテストやインタビュー・

テスト、4C に関する授業アンケートや遅延アンケート (授業終了の約 1 年後) などを併用すれば、CLIL の効果をさまざまな角度から確かめることができます。教師は、CLIL 開始前から実施後に、さまざまな評価法で集めた情報をもとに、振り返ります。

【評価例 5】[1]

評価の観点		各観点の説明（記述文）
読み手 （5点）	配慮	読み手を意識して書かれているか
	おもしろさ	読み手にとって興味深いか
内容 （5点）	メイン アイディア	メインアイディア（いちばん言いたいこと）が明確か
	トピック センテンス	トピックセンテンスが適切で明確か
	サポート	理由、例、説明、データなどが適切で、説得力があるか メインアイディアやトピックセンテンスが適切にサポートされているか
構成・ 結束性 （5点）	構成	序論、本論、結論というマクロ構成が明確か
	結束性	パラグラフ間、文と文のつながりがスムーズか
日本語 （5点）	正確さ	文法、文型・構文、語彙・表現、表記が正確か 文が正確に組み立てられているか
	適切さ	日本語らしい構文、語彙表現が使われているか 文の長さが適切で読みやすいか 話し言葉、書き言葉の区別ができているか 文末スタイルが適切に使われ、基本的に統一されているか

---

1 佐藤・奥野 (2017, p.86) を参考に作成。

評価例5は、コース開始時と終了時のレポートを評価するときに使ったルーブリックです。ルーブリックとは、学習者の学習状況を示す評価基準を表にしたものです。一般的に、表の縦軸に評価の対象となる観点が書かれ、その横には、各観点を詳しく説明した記述文が書かれています。評価例5のルーブリックでは、読み手、内容、構成・結束性、日本語という観点と、それぞれの下位項目の観点が書かれており、その横に、各観点の説明(記述文)が示されています。この記述文は、学習の到達度によって、いくつかのレベル(「できた」「できたりできなかったりした」「ほとんどできなかった」等)に分けて書かれることもあります。ルーブリックを用いて、各観点について、学習がどのレベルまで到達しているかを示すことができます。ただし、より客観的な評価をするためには、ルーブリックの作成時や使用時に、いくつかの注意が必要です。Banerjee et al. (2015) は、ルーブリックを作成する際、教師やテストの専門家の直感、複数の評価者によるディスカッション、学習者のレポートの分析の3つすべてを行うことを推奨しています。私たちは、以下の点に注意してルーブリックを活用しました。すべての注意点を考慮するのは、ハードルが高いと思うので、まずは①③⑤からチャレンジすることをおすすめします。

［ルーブリックの注意点］

① 教師だけでなく学習者にとっても、到達度をイメージしやすい、複雑すぎない表にする。

② ルーブリックを用いた評価をしたことがない場合は、できるだけ研修会やワークショップに参加する。

③ ルーブリックを用いて評価する際は、できるだけ2人の教師で行う。もしくは、1人の教師が2回、時間を少し開けて評価する。

④ 2人の教師の評価結果(もしくは2回の評価結果)が異なっていた

ときは、その理由についてディスカッションするか、他の教師の意見を聞く。

⑤ 学習者のレポートにフィードバックする際は、ルーブリックの観点に焦点を当てて行う。

⑥ 期末レポートの自己評価に活用する際は、授業中にルーブリックを用いたピア評価を行い、ルーブリックの利点に気づかせる。

⑦ ルーブリックの記述文と一致する学習者の作文をサンプルとして取っておき、効率よく評価する。学習者の作文の特徴を知るには、既存のオンラインアプリ[2]を活用するといい。

---

[2] 「日本語テキスト語彙分析器 J-LEX」<http://www17408ui.sakura.ne.jp/>、「やさ日チェッカーα」<http://www4414uj.sakura.ne.jp/Yasanichi1/checker/> など（2018 年 5 月 2 日最終閲覧）。

学習者の振り返り

　次に、CLIL 実施後に行ったアンケート調査の結果から、学習者が実際に CLIL 授業を振り返って感じたことを 4C ごとに見てみましょう。

［Content（内容）］

💬 この授業の本を読むまで私は途上国へのボランティアはどんな形であれとてもすばらしい行いであり、推進され続けていくべきものであると単純に肯定的に捉えていた。だが、何でもすべて先進国の知恵や技術を使って、途上国の問題を解決すればいいわけではないことがわかった。

💬 国際協力：現地での活動は一時的。目の前のことしかできず、助けられるのは一部。「自分はいいことをした」という自己満足で終わり、現状は改善されないまま。

　この授業を受けて上記のような考えかたが変わった。確かに 1 人でできることには限りがあり、目の前の問題を 1 つずつ解決していくしかないかもしれないが、チームで協力すれば活動範囲が広がり大きな成果を上げることができ、後に残る技術やシステムを構築することも可能であることがわかった。同時に成果を上げるには想像以上の苦労がかかるものであるということにも気づいた。

［Communication（言語知識・言語使用）］

💬 モノカルチャー経済のメカニズムとかも、モノカルチャーは聞いたことあるけど、どんなものかぜんぜん知らなかったり、貧困に対する取り組み、フェアトレードとか、ピープルツリーとか、TFT とかも、まったく知らなかったので、そういうところを知って日本語で説明できたり、考える

ことができてよかったです。

💬 この授業では発表する機会が多く、この短期間でこれほど多くの発表を
することは今までの自分の経験からは考えられないことだった。これに
より発表に対する苦手意識を少し改善できたと思う。さらに他の人の発
表を聞くことで、ただ聞き手に伝えるべき内容を話すだけではなく、ど
うしたら聞き手にとっても理解しやすい発表となるか、あるいは興味を
もってもらえるかということなども考えることができるようになった。

[Cognition (思考)]

💬 今では安いからと買っていたファストファッションを買わなくなりまし
た。また、今まで贅沢に生きていたことに気づき、食べ物を残さないよ
うになったように思います。ゲストスピーカーの話を聞いて、その国側
の視点から見たらどうなのか考えるようになったし、ニュースでは報道
されていないことがたくさんあることに気づきました。自分で調べない
と出てこない情報があることを知って、自分で調べるようになりました。

💬 今までは完全にニュースがすべてだと思っていたので、メディアの見か
たが変わりました。もうけっこう批判的っていうとかっこよく言いすぎ
なんですけど、本当にそれだけなのかなって思うようになりました。

💬 前は「貧困＝お金がないから困っている、食べ物がないから困っている」
と思っていたのですが、教育とか環境とか目に見えない部分が本当に改
善できないから貧困が続いてしまうと思うようになりました。目に見え
る部分だけではわからない部分に今後私も何かできないかと思いました。

137

[Community/Culture（協学・異文化理解）]

💬 ポスター発表ではみな同じテーマについて調べ発表しましたが、似ているようで他のチームと違うところを書いているなと思いました。チームを構成している人によって視点が変わると当たりまえのことながら気づきました。

💬 ○○さんと、パワーポイントでスライドをいっしょに作って、LINEですごいやり取りをしてたんですけど、お互いにいろんな指摘を、ここはもっと分量を減らしてここを強調したほうがいいとか、もっと考えているところを書いたほうがいいとか、そういうやり取りをいっぱいして、いいものに2人でできたんじゃないかと思いました。

💬 グループワークを通して、今までよりも自分の意見を明確に持つことや他人の意見に対してよく考えるようになった。

CLIL実施後には、4Cの成長を学習者自身が実感していることがわかるね！

よりよい CLIL の評価のために

　学習者自身も 4C の成長を実感しているようですが、さまざまな実践研究で、CLIL には次のような学習効果があることが報告されています。

[CLIL の学習効果]
① 学習者が実生活で直面しそうな教材を用いることにより学習動機が高くなること。
② 「内容 (例えば、世界の貧困)」により、文化意識や国際理解への意識が育つこと。
③ 国際社会に参加するための日本語の習得が見られること。
④ 意味のある豊かな認知プロセス (インプット、アウトプット、インタラクション) が観察されること。
⑤ 協学による言語知識、内容に関する知識、学習スキルの獲得が見られること。

　例えば、佐藤・奥野 (2017) は、CLIL 実施直後と実施後のレポートを評価 5 (p.133) の評価基準を用いて分析しました。その結果、すべての評価項目において、実施直後よりも実施後のほうが高く評価されました。レポートの質が総合的に向上したということは、CLIL による学習 (ペアによる発表資料の作成、グループでのディスカッションや発表準備等の活動を通したインプットとアウトプット) に効果があったと考えることができます。

【評価例6】

「私の考える貧困とは」

　後期の授業の初めに同じテーマについて書いた作文を読んでみたら，今私が考える貧困とはかなり違い，その時の考えは間違えていたと思った。その作文で私は貧困の原因として社会構造の問題をあげ，貧しい国々には責任がないと考えていた。しかし後期の授業を通し，問題は貧しい国々の国民たちの認識であるということが分かった。これ以外にも，授業から貧困について学んだことを考えてみた。
　①私は貧しい国の人々は自分が不幸だと思っていると思っていた。しかし，授業でシエラレオネという国に関するビデオを見たらそうでなかった。特に，貧しいため学校に行けなく鉱山などのところで働く子供たちの様子が印象に残った。彼らはかなり幼いこどもなのに黙々働き続け，自分が働くことにより家族がご飯を食べられるかもしれないと喜んでいた。②彼らは私より10歳くらいは若いのに，私より大人らしい考えを持っていると感じ恥ずかしかった。しかし，彼らがちゃんと暮らしているとは言えない。そのような働きでは生活できるほどのお金が稼げないためである。

※番号，下線は分析のために追加している。

（佐藤・奥野, 2017, p.93）

評価例 6 は、CLIL 実施後の学習者 A のレポートです。学習者 A 自身の「貧しい国の人々は自分が不幸だと思っていると思っていた」というステレオタイプへの気づき (①) や、貧しい国の子どもたちの考えについて自分と照らし合わせて、「恥ずかしかった」と感じたこと (②) など、開始時には見られなかった A 自身の内省を書いています。国際社会に参加するための豊かな日本語アウトプットが観察できますし、CLIL の協学を通した知識・学習スキルの獲得に学習者が気づいていることがわかります。

　また、奥野・小林 (2017) は、評価例 1 (p.126) のアンケート調査を CLIL 実施前後に行い、「内容」「言語」「思考」面に効果があったことを報告しています。この結果は、振り返りのインタビューからも裏づけられ、インタビューからは「協学」による効果も見られたそうです。

　このような効果の有無を判断するためには、次の 6 つの条件を満たした評価をすることが求められます。

[CLIL 評価の 6 つの条件]
① 担当教師全員と学習者が CLIL の評価法とそのメリットについて理解していること。
② 教師と学習者の振り返りのために役立つ情報を提供できること。
③ 4C をのばす学習に方向づけができること。
④ 採点し、成績をつける際は、質的にも検討し、必要があれば採点基準を変更すること。
⑤ 評価のための準備、評価そのもの、評価が終わったあとのすべてのプロセスが、4C の学習活動であるといえること。
⑥ 世界や社会に貢献する人の成長を支援できるような評価であること。

141

第1章で述べたように、CLILでは、「言語知識・言語使用」「内容」「思考」「協学・異文化理解」という4Cを意識した授業を展開しますから、評価も4Cを意識して、総合的に評価することが必要です。授業内の観察、ルーブリックの作成、学習者自身の評価や、ポートフォリオなどを活用することにより、より妥当性の高い評価をすることができます。

評価の妥当性とは、測定したいものが測定できているかを表す指標です。CLILで測定したいものは、4Cののびであることがはっきりしています。この点が、CBI (Content Based Instruction) や TBLT (Task-Based Language Teaching) とは異なっています[3]。4Cは、ペーパーテストだけで測定することはできません。特に、「思考」と「協学・異文化理解」は、正解が1つとはかぎらないため、評価の実施前に、テストなどの内容や採点基準や実施方法について検討することが求められます。それに加えて、とても重要なのは、評価の実施後にも、その妥当性を検討することです。採点が信頼できる妥当なものかを確かめることはもちろん、評価の結果をよりよい方法で学習者に伝えることが求められます。この結果の伝えかたの良し悪しを表す指標は、結果妥当性と呼ばれています。日本語教育の評価研究においては、教師が作成したテストと他の機関が作成した信頼できるテストを比較し、両者の結果に矛盾がないかを表す指標、基準関連妥当性が取り上げられることが多いです。もちろん、統計的な手法を用いて、CLILの評価の基準関連妥当性を検証することも重要ですが、CLILにおける評価法や評価の得点が、評価に関わる人たち(学習者本人、学習者の家族や上司など)にどのような影響を与えるか、についても考慮すべきだと考えています。

とはいえ、現場のほとんどの教師の皆さんは、すでに結果妥当性の高いフィー

---

3 TBLTでは、近年、タスクベースのアセスメントが注目されています。例えば、松村 (2017)、Brown et al. (2002)、Norris (2016) など。

ドバックを行っていると思います。ただ、評価が大事だとわかってはいても、数学が苦手だから、統計ができないから、学期末は時間がないから、という理由で、評価は後回しになりがちだという教師の声も耳にします。まずは、「このCLIL評価の結果を学習者は納得してくれるだろうか」と考えるところから始めてみませんか。評価の妥当性を念頭に置いて教案を書くと、授業の目標や活動のねらいがより明確になると思います。

成績を出したら終わり、じゃないんだね。CLIL授業が終わっても、学習者が自分の成長や世界に目を向けられる——そんなCLIL評価ができるといいね！

資　料

【評価例1】

Content（内容）	(1)	貧困に対するさまざまな支援の方法について知っている。
	(2)	シエラレオネの現状について知っている。
	(3)	社会起業家がどのような活動をしているのかを知っている。
	(4)	国際協力の現場や仕組みについて知っている。
	(5)	国内外の社会企業家について知っている。
	(6)	世界の現状と課題について知っている。
	(7)	今までに貧困について学んだことのある内容を整理することができる。
	(8)	今までに貧困について学んだことのある内容から新しい課題を発見できる。
	(9)	貧困の要因となる「モノカルチャー経済」を知っている。
Communication（言語知識・言語使用）	(1)	シエラレオネに関する言葉を知り、資料を読むことができる。
	(2)	スライドを使って、他の人にわかりやすく伝えることができる。
	(3)	ディスカッションをすることができる。
	(4)	発表を聞いて質問をすることができる。
	(5)	貧困を支援する方法に関する言葉を知り、資料を読むことができる。
	(6)	ポスターを使って、他の人にわかりやすく伝えることができる。
	(7)	自分たちにできることを計画し、企画書を作ることができる。
	(8)	自分の意見を書くことができる。
	(9)	社会企業家の活動の仕組みに関する言葉を知り、資料を読むことができる。
	(10)	世界の現状や貧困に関する言葉を知り、資料を読むことができる。
	(11)	読んだ資料の内容を短くまとめて発表資料（レジュメ）を作ることができる。

Communication （言語知識・ 言語使用）	(12)	読んだ資料をわかりやすくまとめて資料（スライド）を作ることができる。
	(13)	読んだ内容を他の人にわかりやすく説明することができる。
	(14)	貧困について、レポートを書くことができる。
	(15)	貧困のメカニズムに関する言葉を知っている。
	(16)	貧困のメカニズムを説明することができる。
Cognition （思考）	(1)	いい説明のしかたについて理解している。
	(2)	ディスカッションポイントを発見することができる。
	(3)	レポートを自己評価することができる。
	(4)	企画書を作ることができる。
	(5)	自分と他の人の情報の集めかたや説明のしかたを比較することができる。
	(6)	自分と他の人の読みかたを比較することができる。
	(7)	自分の説明を自己評価することができる。
	(8)	社会企業家の仕組みをふまえ、貧困を解決するために必要なことや気をつけるべき点を検討することができる。
	(9)	社会起業家の困難点や課題を整理することができる。
	(10)	世界と自分の関わりについて客観的に整理することができる。
	(11)	世界の現状と課題を知り、貧困を解決するために必要なことや気をつけるべき点を列挙することができる。
	(12)	世界の現状と自分の現状を対比させることができる。
	(13)	世界を変えるために、実際に行動することができる。
	(14)	他の学生の意見を知っている。
	(15)	他の人の発表を聞いて自分の理解度を確認することができる。
	(16)	他の人の発表を聞いて理解することができる。
	(17)	読んだ内容を整理することができる。
	(18)	貧困について学ぶ前と学んだあとの自分を比較することができる。

Cognition （思考）	(19)	貧困のメカニズムを理解し、なぜ貧困が起きるかを認識できる。
	(20)	貧困を解決するために必要なことや気をつけるべき点を検討することができる。
	(21)	貧困を解決するために必要なことを計画し、気をつけるべき点を検討することができる。
Community/ Culture （協学・ 異文化理解）	(1)	グループで資料収集を協力して行うことができる。
	(2)	グループで発表の準備を協力して行うことができる。
	(3)	グループで話し合い、お互いの考えを知ることができる。
	(4)	ディスカッションポイントについて話し合うことができる。
	(5)	ペアやグループで発表資料を作ることができる。
	(6)	他の人のレポートを評価することができる。
	(7)	企画書の作成を協力して行うことができる。
	(8)	計画の一部を実行し、教室の外の人たちとつながることができる。
	(9)	互いのポスター発表を評価することができる。
	(10)	互いの説明のわかりやすさをコメントすることができる。
	(11)	他の人の発表を聞いて、疑問点などについて質問することができる。

コラム column

成績はどうやってつけるの？

　第5章では、学習者の4Cをのばすためには、「学習としての評価」の利点を学習者が認識できるよう、教師が支援することが大切だとくり返し述べましたが、教育課程の中でCLILを授業として実施する以上、教師は「学習の評価」をし、成績をつけなければいけません。

　この成績のつけかたは、教育機関によって異なります。例えば、ある教育機関の場合は、宿題（作文、発表準備）と発表（分担読解の2回目、社会起業家の事例発表）の出来を総合的に評価しています。CLIL授業を通して、練り上げられたものを発表するので、成績はA（優）かS（秀）になることが多いですが、宿題を出さない、準備不足、準備が遅れて発表が次の回になるなどの原因でB（良）になる場合もあります。

　また、ある教育機関における日本語初中級レベルのCLIL授業では、基礎的な「言語」の向上もコース目標となるため、ペーパーテストを実施します。日本語の習熟度に差がある学習者が混在しているCLIL授業では、学習者の習熟度に合わせた複数の難易度のペーパーテストを作って、受験させる場合もあります。

　学期末の忙しい時期に、ポートフォリオと期末レポートを読み、ペーパーテストを採点し、成績をつけ、学習者に結果を伝え、自分の授業を振り返り、反省し、しょんぼりすることは、正直言ってつらいです。しかし、そのつらさを補って余りある学習者の成長を目にすることができます。評価はつらいが役に立つ！　皆さんも逃げず、一度はチャレンジしてみませんか？

おわりに

　CLIL はとても便利なコンセプトであり、ツールです。最低限、4C を意識すればいいのです。Content（内容）と Communication（言語知識・言語使用）に加え、Cognition（思考）と Community/Culture（協学・異文化理解）を意識することで、日本語の学習がぐっと深まります。この 4 つは、人が豊かで充実した人生を送るうえで、どれも欠かせないものです。そして、CLIL には平和への願いが込められています。4C で学んだ学習者たちは、今後どのように成長し、世界に羽ばたいていくのでしょうか。私たち教師の夢は広がります。

　本書の中で CLIL はスマートフォンに例えてありましたが、車に例えることもできると思います。4C は車の 4 輪です。どれか 1 つ欠けてもうまく動きません。でも 4 つそろったら、どこへでも行けます。私たちは PEACE (p.156 参照) をテーマに授業をしましたが、テーマは何でもいいと思います。CLIL を通して日本語教育に関わるかぎり、最終的にはどのような方向からも、大きな意味でも小さな意味でも平和につながると思うからです。

　本書を作成するにあたり、凡人社の渡辺唯広さんと大橋由希さんには大変お世話になりました。とても丁寧に作りあげていただき、感謝の気持ちでいっぱいです。

　この本を手に取ってくださった方々にも感謝いたします。本書の中に、皆さまの心に残る言葉はありましたでしょうか。この本が、明日の皆さまの授業の活力になりますことを、心より願っております。

2018 年 3 月

著者一同

文献リスト

引用文献

池田真 (2013).「CLIL の原理と指導法」『英語教育』62 (3), pp.12-14. 大修館書店.

池田真・渡部良典・和泉伸一 (編) (2016).『CLIL 内容言語統合型学習　上智大学外国語教育の新たなる挑戦　第 3 巻　―授業と教材―』上智大学出版.

和泉伸一 (2016).『フォーカス・オン・フォームと CLIL の英語授業』アルク.

和泉伸一・池田真・渡部良典 (編) (2012).『CLIL 内容言語統合型学習　上智大学外国語教育の新たなる挑戦　第 2 巻　―実践と応用―』上智大学出版.

ヴィゴツキー (2001).『新訳版　思考と言語』(柴田義松訳) 新読書社.

欧州評議会言語政策局 (2016).『言語の多様性から複言語教育へ ―ヨーロッパ言語教育政策策定ガイド―』(山本冴里訳) くろしお出版.

王文賢 (2014).「習熟度が異なる協働対話における支援のあり方 ―協働対話の社会的側面と認知的側面の分析を通して」『第二言語としての日本語の習得研究』17, pp.5-22. 第二言語習得研究会.

大関浩美・名部井敏代・森博英・田中真理・原田美千代 (2015).『フィードバック研究への招待　―第二言語習得とフィードバック―』くろしお出版.

奥野由紀子 (2016).「日本語母語話者への CLIL (Content and Language Integrated Learning) の有効性の検討　―大学初年次教育履修生の変容に着目して―」『日本語研究』36, pp.43-57. 首都大学東京.

奥野由紀子・小林明子 (2017).「世界の平和と貧困問題をテーマとした内容言語統合型学習 (CLIL) の実践」*The 23rd Princeton Japanese Pedagogy Forum Proceedings*, pp.176-185.

奥野由紀子・小林明子・佐藤礼子・渡部倫子 (2015).「学習過程を重視した CLIL (Content and Language Integrated Learning) の試み　―日本語教育と大学初年次教育における同一素材を用いた実践―」『2015 年度日本語教育学会秋季大会予稿集』pp.25-36. 日本語教育学会.

川喜田二郎 (1967).『発想法』(中公新書) 中央公論新社.

小林明子・福田倫子・向山陽子・鈴木伸子 (2018).『日本語教育に役立つ心理学入門』く
　　ろしお出版 .

迫田久美子 (2004).『日本語教育に生かす第二言語習得研究』アルク .

笹島茂 (編著) (2011).『CLIL　新しい発想の授業　―理科や歴史を外国語で教える !?―』
　　三修社 .

佐藤慎司・高見智子・神吉宇一・熊谷由理 (編) (2015).『未来を創ることばの教育を目指
　　して　―内容重視の批判的言語教育の理論と実践―』ココ出版 .

佐藤礼子・奥野由紀子 (2017).「ライティング評価による内容言語統合型学習 (CLIL) の有
　　効性の検討　―「PEACE」プログラムの実践を通して―」『第二言語としての日本
　　語の習得研究』20, pp.80-97. 第二言語習得研究会 .

白畑知彦 (2015).『英語指導における効果的な誤り訂正　―第二言語習得研究の知見から
　　―』大修館書店 .

鈴木渉 (2008).「ランゲージングが第二言語学習に与える効果」『英検研究助成報告書』
　　20, pp.60-75. 英語教育研究センター .

田中真理・阿部新 (2014).『Good Writing へのパスポート』くろしお出版 .

原田哲男 (2018).「初級者を対象とした CLIL と外国語教育　―第二言語習得とバイリン
　　ガル教育の視点から―」資料 (上智大学言語教育研究センター FD 講演会　2018 年
　　1 月 28 日 於上智大学)

松村昌紀 (2017).『タスク・ベースの英語指導　―TBLT の理解と実践―』大修館書店 .

村野井仁 (2015).「CLIL 的要素を持った第二言語指導の効果」『第 26 回第二言語習得研
　　究会全国大会予稿集』pp.77-81. 第二言語習得研究会 .

山川智子 (2015).「『複言語・複文化主義』とドイツにおける『ヨーロッパ教育』　―『記憶
　　文化』との関わりの中で―」『文教大学文学部紀要』29 (1), pp.59-76. 文教大学 .

渡部良典・池田真・和泉伸一 (2011).『CLIL 内容言語統合型学習　上智大学外国語教育の
　　新たなる挑戦　第 1 巻　―原理と方法―』上智大学出版 .

Anderson, J. (1982). Acquisition of cognitive skills. *Psychological Review, 89*, 369-406.

Ball, P., Kelly, K., & Clegg, J. (2015). *Putting CLIL into practice.* Oxford: Oxford University
　　Press.

Banerjee, J., Yan, X., Chapman, M., & Elliott, H. (2015). Keeping up with the times:

Revising and refreshing a rating scale. *Assessing Writing, 26*, 5-19.

Bentley, K. (2010). *The TKT course: CLIL module*. UK: Cambridge University Press.

Bloom, B. S. (Ed.). (1956). *Taxonomy of educational objectives, Handbook I: Cognitive domain*. New York: Longman.

Brinton, D., Snow, M., & Wesche, M. (1989). *Content-based second language instruction*. Ann Arbor, MI: The University of Michigan Press.

Brown, J. D., Hudson, T. D., Norris, J. M., & Bonk, W. (2002). *Investigating task-based second language performance assessment*. Honolulu: University of Hawai'i Press.

Byram, M. (2008). *From foreign Language education to education for intercultural citizenship: Essays and reflections*. Clevedon, UK: Multilingual Matters. [細川英雄 (監修)・山田悦子・古村由美子 (訳) (2015).『相互文化的能力をはぐくむ外国語教育 ―グローバル時代の市民性形成をめざして―』大修館 .]

Coyle, D., Hood, P, & Marsh, D. (2010). *CLIL: Content and language integrated learning*. Cambridge, UK: Cambridge University Press.

Dale, L., & Tanner, R. (2012). *CLIL activities: A resource for subject and language teachers*. Cambridge, UK: Cambridge University Press.

Dale, L., Van der Es, W., & Tanner, R. (2010). *CLIL skills*. Leiden: European Platform.

Dalton-Puffer, C. (2007). *Discourse in content and language integrated learning (CLIL) classrooms*. Amsterdam: John Benjamins.

Dalton-Puffer, C., & Nikula, T. (2014). Content and language integrated learning. *The Language Learning Journal, 42* (2), 117-122.

Davis, B.G. (1993). *Tools for teaching*. San Francisco, CA: Jossey-Bass.

Dörnyei, Z, (2001). *Motivational strategies in the language classroom*. Cambridge: Cambridge University Press.

Krashen, S. (1982). *Principles and practice in second language acquisition*. Oxford: Pergamon.

Llinares, A., Morton, T., & Whittaker, R. (2012). *The roles of language in CLIL*. Cambridge University Press.

Long, M. H. (1996). The role of the linguistic environment in second language acquisition. In W. Richie & T. Bahtia (Eds.), *Handbook of second language acquisition* (pp.413-468). San Diego, CA: Academic Press.

Marsh, D., Canado, M., & Padilla, J. (Eds.). (2015). *CLIL in action: Voices from the classroom.* Cambridge Scholars Publishing.

Mehisto, P., Marsh, D. & Frigols, M. J. (2008). *Uncovering CLIL: Content and language integrated learning in bilingual and multilingual education.* Macmillan.

Miller, J. P. (1988). *The holistic curriculum.* Ontario: OISE Press. [吉田敦彦・手塚郁恵・中川吉晴 (訳) (1994).『ホリスティック教育　―いのちのつながりを求めて―』春秋社.]

Norris, J. M. (2016). Current uses of task-based language assessment. *Annual Review of Applied Linguistics, 36,* 230-244.

Schmidt, R. (1990). The role of consciousness in second language learning. *Applied Linguistics, 11,* 129-158.

Storch, N., & Wigglesworth, G. (2007). Writing tasks: The effect of collaboration. In M.P.Garcia Mayo (Eds.), *Investigating tasks in formal language learning.* Clevedon, UK: Multillingual Matters.

Swain, M. (1985). Communicative competence: some roles of comprehensible input and comprehensible output in its development. In S. Gass & C. Madden (Eds.), *Input in Second Language Acquisition* (pp.235-253). Rowley, MA: Newbury House.

Swain, M., & Lapkin, S. (1998). Interaction and second language learning: Two adolescent French immersion students working together. *The Modern Language Journal, 82,* 320-337.

Swain, M., & Lapkin, S. (2002). Task-based second language learning: The uses of the first language. *Language Teaching Research, 4,* 251-274.

Vygotsky, L. S. (1978). *Mind in society: The development of higherpsychological processes* (M. Cole, V. John-Steiner, S. Scribner, & E. Souberman, Trans.) Cambridge, MA: Harvard University Press.

Wood, D. J., Bruner, J. S., & Ross, G. (1976). The role of tutoring in problem solving. *Journal of Child Psychiatry & Psychology, 17* (2), 89-100.

引用教材

NHK「地球データマップ」制作班 (編) (2008).『NHK 地球データマップ　—世界の "今" から "未来" を考える—』NHK 出版 .

CLIL のためのブックガイド

CLIL をもっと深く知るために

＜CLIL 初心者向け＞

渡部良典・池田真・和泉伸一 (共編) (2011).『CLIL 内容言語統合型学習　上智大学外国語教育の新たなる挑戦　第 1 巻　—原理と方法—』上智大学出版 .

笹島茂 (編著) (2011).『CLIL 新しい発想の授業　—理科や歴史を外国語で教える !?—』三修社 .

Coyle, D., Hood, P, & Marsh, D. (2010). *CLIL: Content and Language Integrated Learning.* Cambridge, UK: Cambridge University Press.

＜ 基本的な CLIL の知識がある方向け ＞

池田真・渡部良典・和泉伸一 (共編) (2016).『CLIL 内容言語統合型学習　上智大学外国語教育の新たなる挑戦　第 3 巻　—授業と教材—』上智大学出版 .

和泉伸一・池田真・渡部良典 (共編) (2012).『CLIL 内容言語統合型学習　上智大学外国語教育の新たなる挑戦　第 2 巻　—実践と応用—』上智大学出版 .

和泉伸一 (2016).『フォーカス・オン・フォームと CLIL の英語授業』アルク .

Ball, P., Kelly, K., & Clegg, J. (2015). *Putting CLIL into practice.* Oxford: Oxford University Press.

Bentley, K. (2010). *The TKT course: CLIL module.* Cambridge, UK: Cambridge University Press.

Dale, L., Van der Es, W., & Tanner, R. (2010). *CLIL skills.* Leiden: European Platform.

Dale, L., & Tanner, R. (2012). *CLIL activities: A resource for subject and language teachers.* Cambridge, UK: Cambridge University Press.

Mehisto, P., Marsh, D., & Frigols, M. J. (2008). *Uncovering CLIL: Content and language integrated learning in bilingual and multilingual education.* Macmillan.

＜より本格的に学びたい方向け＞

Dalton-Puffer, C. (2007). *Discourse in content and language integrated learning (CLIL) classrooms.* Amsterdam: John Benjamins.

Llinares, A., Morton, T., & Whittaker, R. (2012). *The roles of language in CLIL.* Cambridge University Press.

CLIL 向け読み物

このリストについて

CLIL ではオーセンティックな読み物が求められます。さまざまな分野での取り組みが可能となるため、ここでは「PEACE」(「P：Poverty 貧困からの脱却」「E：Education 教育」「A：Assistance in need 自立のための援助」「C：Cooperation & Communication 協働と対話」「E：Environment 環境」) をテーマに筆者たちが使用しているものを参考として挙げます。それぞれのテーマで、学習者にとって読みやすい読み物を教師自身が選ぶことが望ましいでしょう。

池田香代子 (2001).『世界がもし 100 人の村だったら』マガジンハウス .

小暮真久 (2009).『「20 円」で世界をつなぐ仕事』日本能率協会マネジメントセンター .

後藤健二 (2005).『ダイヤモンドより平和がほしい ―子供兵士・ムリアの告白―』汐文社 .

税所篤快 (2013).『「最高の授業」を世界の果てまで届けよう』飛鳥新社 .

サフィア・ミニー (2008).『おしゃれなエコが世界を救う』日経 BP 社 .

サルマン・カーン (2013).『世界はひとつの教室「学び×テクノロジー」が起こすイノベーション』(三木俊哉訳) ダイヤモンド社 .

ジョン・ウッド (2007).『マイクロソフトで出会えなかった天職』(矢羽野薫訳) ランダムハウス講談社 .

坪井ひろみ (2006).『グラミン銀行を知っていますか ―貧困女性の開発と自立支援―』東洋経済新報社 .

フジテレビ (2009).『世界がもし100人の村だったら ―ディレクターズエディション―』(DVD) ポニーキャニオン.

山本敏晴 (2012).『世界で一番いのちの短い国 ―シエラレオネの国境なき医師団―』小学館文庫.

NHK「地球データマップ」制作班編 (2008).『NHK地球データマップ ―世界の"今"から"未来"を考える―』NHK出版.

著者略歴

① 現職
② 最終学歴・学位
③ 専門・研究分野
④ 主な著書・論文など
⑤ CLIL のここが好き

奥野　由紀子（おくの　ゆきこ）　［編者、第 1 章］

① 東京都立大学人文科学研究科教授
② 広島大学大学院教育学研究科博士課程後期修了・博士（教育学）
③ 第二言語習得研究
④『第二言語習得過程における言語転移の研究 —日本語学習者による「の」の過剰使用を対象に—』風間書房、『日本語教育のためのコミュニケーション研究』（共著）くろしお出版、『生きた会話を学ぶ中級から上級への日本語なりきりリスニング』（共著）ジャパンタイムズ、『ことばの教育と平和 —争い・隔たり・不公正を乗り越えるための理論と実践—』（共著）明石書店など
⑤ 4C を意識すると授業が変わる♪

小林　明子（こばやし　あきこ）　［第 2 章］

① 島根県立大学国際関係学部准教授
② 広島大学大学院教育学研究科博士課程後期修了・博士（教育学）
③ 第二言語習得における学習者要因
④『日本語教育に役立つ心理学入門』（共著）くろしお出版、『超基礎　第二言語習得研究』（共著）くろしお出版、『第二言語学習の心理　個人差研究からのアプローチ』（編著）くろしお出版など
⑤ CLIL の実践はとにかくおもしろい！

佐藤　礼子（さとう　れいこ）［第 3 章］
① 東京工業大学リベラルアーツ研究教育院准教授
② 広島大学大学院教育学研究科博士課程後期修了・博士 (教育学)
③ 第二言語習得の認知プロセス
④ 『自己調整学習 —理論と実践の新たな展開へ—』(共著) 北大路書房、『自己調整学習ハンドブック』(共訳) 北大路書房など
⑤ 想定外の反応と手応えが得られるのが CLIL 授業！　学習者も教師も共に成長できます。

元田　静（もとだ　しずか）［第 4 章］
① 東海大学語学教育センター留学生支援教育部門教授
② 広島大学大学院教育学研究科博士課程後期修了・博士 (教育学)
③ 教育心理学
④ 『第二言語不安の理論と実態』渓水社、『日本語教育法概論』(共著) 東海大学出版会など
⑤ 4C。シンプルなのに奥深い。

渡部　倫子（わたなべ　ともこ）［第 5 章］
① 広島大学大学院人間社会科学研究科教授
② 広島大学大学院教育学研究科博士課程後期修了・博士 (教育学)
③ 言語評価
④ 『言語教育における多読』(共訳) くろしお出版、『算数文章題が解けない子どもたち —ことば・思考の力と学力不振—』(共著) 岩波書店など
⑤ 学習としての評価は、学習者と教師の味方！

＊本書の印税の一部を国際平和を支援する非営利団体に寄付しています。

CLIL日本語教育シリーズ
Content and Language Integrated Learning

〈シリーズ既刊〉

- 『日本語×世界の課題を学ぶ　日本語でPEACE ［Poverty　中上級］』

- 『日本語でPEACE　CLIL実践ガイド』

CLIL日本語教育シリーズ

日本語教師のための
CLIL（内容言語統合型学習）入門

2018年 5月20日　初版第1刷発行
2023年12月10日　初版第3刷発行

編 著 者	奥野由紀子
著　　者	小林明子，佐藤礼子，元田　静，渡部倫子
発　　行	株式会社 凡人社 〒102-0093　東京都千代田区平河町1-3-13 電話 03-3263-3959
イラスト	ヤスタグチータプレミアム（株式会社アクア）
装丁デザイン	コミュニケーションアーツ株式会社
印刷・製本	倉敷印刷株式会社

定価はカバーに表示してあります。乱丁本・落丁本はお取り換えいたします。
＊本書の一部あるいは全部について、著作者から文書による承諾を得ずに、いかなる方法に
　おいても無断で転載・複写・複製することは法律で固く禁じられています。

ISBN 978-4-89358-945-3
©Yukiko OKUNO, Akiko KOBAYASHI, Reiko SATO, Shizuka MOTODA, Tomoko WATANABE
2018 Printed in Japan